「人間嫌い」のルール

中島義道
Nakajima Yoshimichi

PHP新書

はじめに

昨年（二〇〇六年）七月に還暦を迎え、一方で、ほんとうにもうじき死んでしまうのだなあとしみじみ思うと同時に、他方で、ずいぶん気が楽になった。もう、みな寄ってたかって「それじゃ、生きていけないぞ」と私を脅かすこともなく、「そんなこと、社会に出たら通じないぞ！」と脅迫することもない。大学教員としての定職を得たのは三十七歳のときで、平均人から確実に十五年遅れていたが、それでも六十歳を迎えて二十三年間（懲戒免職もされずに）勤め上げたのだから、もう立派に（？）社会人として承認されたわけである。

現代日本の基準からすると、（そして、租庸調《そようちょう》の昔から）六十歳ははっきりした「終止の歳」、すなわち、まともな労働力として評価されなくなる歳、半人間に格下げされる歳である。労働力として半人前なのだから、あとは死ぬだけなのだから、世間の人はもう私に何も期待しないのである。

六十歳の誕生日を迎えた直後、大学事務局から年金について分厚い書類が送られてきた。

年金をもらうとは、社会の厄介者として認知されること、社会的弱者として公認されることである。その辺をうろうろしていられると迷惑だから（仕事の能率が下がるから）、働かなくてよい、その代わりに、他の人が身代わりに働いて死ぬまで養ってやるから、それを有難く受け取れ、ということである。軟弱な私としては、社会から「劣等」の太鼓判を押されたようで、無性に嬉しかった。

そして、自分の「波乱に満ちた」六十年を想い返してみた。十年前に「人生を半分降りる」宣言をした。その後、着々とあとの半分も降りる方向に傾斜していくように心がけ、親族・家族の絆を完全に切った。親の墓参りにも行かず、カトリックの妻とは離婚できないが、一緒に住んでいるといっても、年間（間違って）顔を合わせるのは一分未満。正月も、誕生日も、一緒に何かをすることがなく、まったく交流のない「同居」状態である。息子は別のアパートに下宿している（らしい）が、どこにいるのかも知らない。

五年前に姪《めい》（妹の娘）の結婚式の案内状が届いたとき、自分の体内の深いところで「行きたくない！」という明晰《めいせき》な叫び声を聞き、それに従ったことをきっかけに、いかなる親戚付き合いをも絶っている。妻が親戚に起こった事件をときおり筆談形式で知らせてくれるが、最近では、母の一番末の妹が昨年十一月に死んでいたことを一カ月もあとに知った。ということは、以前は比較的親しくしていた叔母の死も葬式も、誰も私に知らせてくれなかったということだ。このことも、やはり「社会的不適格者」という太鼓判を押されたようで、とても嬉しかった。

こうして、ここ数年着々と人生を降りていったのだが、還暦に至り、次の段階として国立大学（法人）教授という職業を六十五歳の定年前に辞めることにした。これは、前々から実行したかったのだが、なかなか大学の都合もあって思うようにいかない。以前にはあれほど欲しかった大学教授という肩書きが最近とみに重荷になってきた。大学教授とは、口でアホの極みと言っても、人間失格と言っても外れてはいないが、やはり現代日本の普通の感覚からすると、社会的に尊敬される職業の一つである。「尊敬される」ことに、なぜかはなはだ嫌悪を覚える自分としては、大学教授の職に留まっていることに、大いなる苦痛を感ずるようになったのである。

これほどの労力を払って人生を降りようとするのは、人間のある面がひどく「嫌い」だからである。人間が不純だからではない、不道徳だからではない、利己主義だからではない、むしろ（いわゆる）「よいこと」を絶対の自信をもって、温かい眼差しをもって、私に強要するからなのだ。とりわけ共感を、つまり他人が喜んでいるときに喜ぶように、他人が悲しんでいるときに悲しむように、私にたえず強要している。これを拒否して生きることはできない。だから、私は自分を徹底的にごまかして生き延びてきたのである。そういうふうに私を作った他人の鈍感さと傲慢《ごうまん》さが嫌いであり、それにうまく合わせてきた自分のずるさと弱さが嫌いなのである。

とはいえ、その結果、世間から徹底的に排斥もされず、自暴自棄にもならず、とにかく還暦を迎えた者として、――自分で言うのも変だが――よくやったと褒めてやりたい気持ちである。そして、ようやく六十歳まで生き抜いてきた現在、もうごまかしはやめようと思い立ち、いままでのかずかずの仕打ちを細大漏らさずに吟味し探求するために、残りの人生を費やそうと決心した次第である。

このごろ、私の半生をつぶさに知った人々から「先生、よくここまで生きてこられましたね」と「激励」されることが少なくない。ほんとうに、われながら転覆せずによくここまで生きてこられたものだと感心するが、そうした膨大な負の体験を通じて、もう少し苦しまなくても済んだ生き方があったのではないか、と思いはじめている。私が憎しみと恐怖をもって従ってきたルールのうち、かなりのものはまったく必要ないのだ、その代わりに、私のような人間がもっとゆったりと生きられる（そして、大部分の健全な人もゆったりと生きられる）別のルールがあるはずだ、ということである。それは、世間で普通言われているルールとは、はなはだしく異なっている。

読者の中に、世間に逆らって生き抜くことに対して、そんなことは不可能だと絶望している人がいたら、そして世間で普通に生きていくことに対しても、嫌悪と不安を覚えている人がいるとしたら、それは可能だと思う勇気をもってほしい。現代日本では、重度の（精神・身体）障害者のように、どうしてもひとりで生きることができない人には、他人（国家、共同体、企業、個人）の助力が与えられる。そういう人でないかぎり、誰でも生きていこうとすれば、生きていけるのである。

人間が嫌いでたまらない人、よってひとりでいたい人も生きていける。人間は大嫌いなのだが、ひとりで生きることも耐えがたい、と呟《つぶや》いている人も生きていける。自分がかわいくてたまらなく、他人に対して基本的に無関心な人も生きていける。誰に対しても思いやりをもつことができない人、やさしくできない人、誰をも心から愛することができない人も生きていける。いや、生きていかねばならないのだ。

こんなことはあたりまえなのに、現代日本においてなぜこういう人々は「生きていけない」

と弱音を吐くのであろうか？　それは、彼らの前後左右にいる膨大な数の「善人」の仮面を被《かぶ》った悪人どもが「それでは生きていけない！」と四六時中彼らを脅迫するからなのだ。ひとりで生きてはいけない、他人に対する思いやりをもたなくては生きていけない、協調性がなくては生きていけない、そんな自分勝手では生きていけない……という言葉を――祝詞《のりと》のように――彼らの耳に吹き込むからなのだ。

私もこうした「祝詞」が怖かった。怖くて怖くて怯えきっていた。だが、無我夢中で生きて還暦に達したとき、このすべては完全な間違いであること、嘘であることがわかった。みな、幽霊らしき物影に怯えているだけで、当の幽霊なんかいないのである。みな、自分が親から先生から先輩から言われた「おまじない」を自分に後輩に子供に向けて繰り返すだけである。

考えてほしい。ここで問題になっているのは自然現象ではない。強迫現象のようにそう繰り返す当人が、そういう社会をこしらえ上げているのだ。だから、そのトリックを見破れば、そこから抜け出すこともできるのである。

ここに、私は日食が起こると慌てふためいて踊りつづけるある部族のダンスを思い出す。彼らは、このままでは太陽が消えてしまうかもしれないという恐怖に駆られて、必死の思いで踊りつづける。と、しばらくして、太陽は復活する。彼らは、それは自分たちの踊りのせいであると信じきっている。そうでないことを彼らに信じさせるのは、どんなに難しいことであろう。彼らが一度でもいいから、踊りをやめてみて、事態の推移を観察すればそれだけでいいのだが、彼らはまさにこうした冷静な態度をとることができないのである。どんなに説明しても、それを頭ではわかっていても、太陽が欠けはじめると、慌てふためいてまた踊り出すのだ。

日本社会をすっぽり覆っている「みんな一緒主義」、言葉だけの「思いやり主義」「ジコチュー嫌悪主義」が、少なからぬ若者を苦しめ、「もう生きていけない」と思わせ、絶望の淵に追いやっている。善人どもは「いじめ」が問題になると、「あなたはひとりではない!」というメッセージを送ってのうのうとしている。だが、自殺にまで追い込まれた少なからぬ者は、「みんな一緒主義」の砦を打ち砕き、みんなから排斥されてもひとりで生きていける、というメッセージが欲しいのだ。

とはいえ、現代日本、そんなに捨てたものではない。テレビをはじめとするジャーナリズムは「みんな一緒主義」を喧伝《けんでん》して反省することはないが、その反面、定型から外れるさまざまな生き方が模索されているのも事実である。こうした風土の中で、なるべくひとりで生きていくこと、人間嫌いをまっとうすることは可能である。だが、それには技術が要る。努力が要る。私がこれまでの人生において曲がりなりにも誇れるのは、そのことだけである。

本書では、六十歳までどうにか人間嫌いを貫いた、そして世間から葬り去られなかった、一人の男の物語を語ってみようと思う。これを実行することは、たいへんなことである。だが、その気になれば、誰にでも実行可能なことである。それを実行しないのは、あなたが怠惰だからであり、自分を騙しているからであり、弱いからであり、ずるいからであり……つまり所詮実行したくないからである。

#「人間嫌い」のルール　目次

はじめに

1　さまざまな人間嫌い

人間嫌いの発生　18
自他に対する誠実さに過敏な人　22
誠実さと思いやり　26
人間嫌いにならない「おとな」　27
他人に無関心な人　30
人間嫌いの分類学　33
社交的人間嫌い　37
ラ・ロシュフコー　41
「人間嫌い」という格律　43
他人に親切にするという格律　46
人間嫌いを「超えた」人　50

2　共感ゲームから降りる

感情教育　56
共感理論　58
現代の魔女裁判　61
共感ゲームと誠実さ　63
共感の押しつけに対抗する　66
共感と同情　69
カントの「善意志」　72
他人との関係における自分が嫌いになる　74
他人の信念を侵害しない　77
故郷喪失者　82

3　ひとりでできる仕事を見つける

人間嫌いに見合った仕事　86
私はいかにして物書きになったか　88

私が死ぬということ　92
「おたく」はなぜ軽蔑されるのか？　95
フリーターという生き方　98
ルージン　100
好きなことを仕事にする辛さ　103
組織の中で「ひとり」を貫く　107
「働くかたち」を探り当てた人々　111

4　他人に何も期待しない

二種類の期待　118
信頼と誠実さ　121
信頼による支配　124
善人の暴力　127
信頼すること自体は善でも悪でもない　130
他人の評価に振り回されない　134
他人に無視されることに慣れる　137

相互扶助から脱する 139
人は変わる 143
人間嫌いと社会的成功 146

5 家族を遠ざける

人間嫌いと結婚 150
漱石と荷風 154
家族という信仰 157
虚栄の家 159
コロンブスの卵 162
シングルライフ? 165

6 人間嫌いの共同体

人間嫌いのルール 第1 なるべくひとりでいる訓練をする 172
人間嫌いのルール 第2 したくないことはなるべくしない 175

人間嫌いのルール 第3 したいことは徹底的にする 177
人間嫌いのルール 第4 自分の信念にどこまでも忠実に生きる 179
人間嫌いのルール 第5 自分の感受性を大切にする 181
人間嫌いのルール 第6 心にもないことは語らない 182
人間嫌いのルール 第7 いかに人が困窮していても(頼まれなければ)何もしない 184
人間嫌いのルール 第8 非人間嫌い(一般人)との「接触事故」を起こさない 187
人間嫌いのルール 第9 自分を「正しい」と思ってはならない 190
人間嫌いのルール 第10 いつでも死ぬ準備をしている 191

おわりに

1

さまざまな人間嫌い

人間嫌いの発生

「人間嫌い」とはいかなる人種か。人生の初期に実の親による虐待によって、少年期における過酷ないじめによって、あるいは青年期に壮絶な形で友人や恋人に裏切られたことによって、ある人々はいかなる他人をも信頼することができなくなったのかもしれない。何かのきっかけ（ほとんどは新しい人との出会い）によってそれを克服することもありうるであろう。だが、それが無理な場合もある。少なからぬ人は、一生他人を信頼できずに、あるいは他人を恐れながら、あるいは他人を軽蔑《けいべつ》しながら、一生を終えるのかもしれない。

私は、それもまた豊かな人生になりうると思う。そういう人は、人間のうちにとぐろを巻く暴力的なもの、残忍なもの、冷酷なもの、卑劣なもの、を研ぎ澄まされた眼で見ることができるであろう。これは正真正銘の財産である。

私はある人が人間嫌いになった原因には興味がない。それは、じつのところ複雑に絡み合ったさまざまな要因によるものであり、真の原因が見通せないこともある。原因を固定したいのは、直したいからであって、無理に直す必要もないと居直れば、その原因ではなくその現象形態を正確に記述することに照準が絞られる。

私見によると、人間嫌いと自称している者で、人間が普遍的に嫌いな輩《やから》は、ほとんどいない。人間嫌いのほとんどは、次の形態をとっているように思われる。

（1）ある種の他人が無性に嫌いであるが、それを表明すること、それに基づいて行為することが社会的に許されないことも知っている。ことに、特定の他人が、自分に対してわずかでも害悪を及ぼさないときでも、どうしても嫌いである。その理由にしても、もてるからとか、自分が落ちた東大に受かったからとか、両親に愛されて育ったからとか……理不尽きわまりないものであることが多い。だが、じつはこうした場合はまだいいのだ。自分の「嫌い」という感情が、教養がないからとか、学歴が低いからとか、醜いからとか、育ちが悪いからとか、いわゆる社会的マイナス記号に向かうとき、自分の残酷さと醜悪さに途方にくれる。さらに、自分のうちに、(精神および身体）障害者や犯罪者やホームレスなど、はっきりした社会的弱者への差別感情を見届けると絶望状態に陥る。こういう現実に対して、しかたないと片づけることはできず、真剣に悩んでしまう。

（2）逆に、自分が他人から理不尽に、自分の背負っているマイナス記号のために、あるいはあからさまな差別感情をもって嫌われるとき、胸を抉《えぐ》られるような苦しみを覚える。

（3）こうした苦境を脱出する唯一の方法は、他人を普遍的に嫌ってしまうことである。そして、最後に自分自身までも嫌ってしまうことである。他人が普遍的に嫌いであれば、特定の他人を嫌うわけではないから自責の念は消えていく。さらに、自分は自分を最も嫌っているのだから、他人から嫌われても耐えられる。

（1）と（2）は車の両輪のように呼応し合っている。これら二条件が充たされなければ人間嫌いになる余地もないのだが、これだけでは人間嫌いにはならない。この二条件のもとに喘《あえ》ぎつつ、ついに（3）に「光」を見るとき、人間嫌いは完成されるのである。（3）に一挙に至るのではなく、その前にその準備段階とも言える状態を経由することもある。例えば、もてない男が屈辱をかみ締めて生きているうちに、あるいは惨憺《さんたん》たる失恋をしたゆえに、女性一般を嫌う「女嫌い」になっていくことはよくあることだ。ビルマでイギリス人の捕虜として屈辱的体験をなめた会田雄次氏はイギリス人一般に対して嫌悪感を抱くようになった（『アーロン収容所』中公新書）。

だが、ここに留まることを世間は許さない。肌に染み入るように考えることがなく、脳髄の片隅だけですべてを処理しようとする善人どもは、口を揃えて「そんな！　一人の女に振られたからって、すべての女をあしざまに言うのは間違いですよ！」「イギリス人すべてが悪人じゃありませんよ！」とキーキー叫ぶ。

こうした軽薄爆弾に耐える力のある者は幸いである（会田雄次氏のように）。だが、これではは身がもたないということを自覚した者は、（3）の純粋な人間嫌いへの道を登っていくのである。「関西人はみんな嫌い！」とか「女教師はみんな嫌い！」と表明した瞬間に、たちまち烏合《うごう》の衆のような善人どもから反感の波が押し寄せるのに、不思議なことに、「人間が普遍的に嫌いだ！」という宣言は、それほどの反感を買わず、むしろ「かわいそうな人」とささやかれ、同情の眼差しで見られ、さらには「病気なんだ」と呟かれる。

つまり、ある種の人が普遍的人間嫌いに至るのも——自覚されていてもいなくても——一種の自己防衛なのである。それが、それほどの反感を買わないのは、善人どもの乏しい想像力のおかげである。彼らは、そんなに誰も彼も嫌って、最後には自分まで嫌って、さぞ生きにくいであろう、さぞ苦しいであろう、寂しいであろう……と忖度《そんたく》する。彼らには、人間嫌いを生き抜くことが壮大な自罰行為に見えるのだ。自分には一瞬でも耐えがたいから、ひとりで生きることこそ最も生きやすいことに思い至らないのである。それほど鈍感なのであり、それほど思考力が欠如しているのである。

自他に対する誠実さに過敏な人

以上の考察を踏まえて、人間嫌いを別の角度から見れば、自他の感受性や信念に対して誠実性の要求が高い人と言いかえてもよい。これは、さしあたり他人の不誠実な態度に対して不寛容な感受性という形で現われる。

だが、これは発育未熟な段階である。真の人間嫌いは、他人の不誠実さに対する不快感と並んで、自分自身の不誠実さに対する不快感が表裏一体となっていなければならない。

なお、誠実さとは相対的な価値であると反論する御仁もいようが、そうではない。この歳まで生きてきて、ある種の人間に対するマイナスの評価は、ほとんどの文化や時代において一定しているなあと実感する。それは、「ずるい人」である。平気で嘘をつき、自分を実際よりよく見せようとあらゆる工作をし、相手に対してくるくる態度を変え、権威者や権力者にはおもねり、非権威者や非権力者を足蹴《あしげ》にする人である。表面では正義漢ぶって、裏に回るといかなる卑劣なこともしでかす人、こういう人が、これまでの人類の歴史で肯定的に評価されたことはなかった。

たとえこういう輩にある種の人間味を感じ、魅力さえ覚えたとしても、こういうずるさが結果として企業の利益を上げさせ、社会全体の富を増大させたとしても、こういう輩が尊敬されることはなかったし、これからもないであろう。

こう考えてくると次のことに気づく。逆に、いかなる時代のいかなる文化においても、人間の純粋さや誠実さそれ自体にうんざりして人間嫌いになることはない、ということである。たとえ、そういう一風変わった人がいたとしても、その人を――根っからの変人と呼ぶとしても――人間嫌いとは呼ばない。彼（女）を人間嫌いと呼ぶためには、その矛先を「純粋ぶっていながらじつは計算高い」とか「誠実そうな顔をしながらしたたかに自己利益を求めている」と描写し直したうえで、そういう偽善者は嫌いだという変形をしなければならない。

ニーチェは「よい」という言葉の起源には二つあると言う。一つは、古典時代の優れた者が劣った者に対してみずからを誇るところ、みずからと劣った者とのあいだに距離をとるところに求められ、もう一つは、弱い者、貧しい者、不幸な者、醜い者、すなわち劣った者のルサンチマン（恨み）に求められる。前者において、「よい」とは、あらゆる貴族的な価値に一致する、力強く、健康で、美しく、聡明で、富んでいることであるが、後者において、「よい」とは、正反対に、貧しく、醜く、不幸なことであり、これこそユダヤ＝キリスト教的な「よい」という言葉の起源である。

この系譜学に全面的に賛同するわけではないが、たとえ賛同したとしても、誠実さは二つの対立的な源泉をもつ領域にまたがって、普遍的に「よい」とみなされているのではあるまいか。まさに貴族こそ、誠実さを守るために身を賭《と》して戦い、不誠実という汚名を着せられたら、全身でそれを振るい落とそうとするのではないか。また、キリスト教道徳においても、いかなる弱者でも、神の前に、さらに自他に対して誠実でなければならないことを知っている。たしかに、弱い者はしばしば身の安全を守るために誠実さを投げ出す。だが、彼らはやはりそれが「よい」ことでないことを知っている。

この点、私はカントの単純な信念に賛同する。

……私が自分自身について意識しているよりはるかに誠実な性格を有していると認める、一人の身分の低い社会的にはごく平凡な男がいるとしよう。すると、たとえ私が欲すると否とにかかわらず、また私が自分の身分の優越を彼に見誤らせないように、さらに頭を高く上げるとしても、私の精神は彼の前に屈する。

(『実践理性批判』拙訳、強調原著者)

もちろん、ある人の誠実さは、その人が「私は誠実です」と語ることによっては保証されない。いや、臆面もなくそう語る人にかぎって、誠実とは縁もゆかりもないということが長い人生の経験から学んだ私の知恵である。ここには、ラカンの用語を使えばエノンセ(énnoncé)とエノンシアシオン(énnonciation)との区別がある。前者は、語られた文章のうちに登場してくる私であり、後者はそう語っている私である。「私は誠実です」と語っている人は、そう語る文章の中では「誠実です」という述語の主語(主体)であるが、まさにそう語ることによって誠実ではないことを示してしまっている。ここに、この文章を語り出す主体が文章の中の主体とは別に立てられなければならない。

平たく言えば、ほんとうに誠実であるなら、そうやすやすと「私は誠実です」などとは言えないはずなのだ。といって、こうした構造を見越して「私は不誠実です」と語ることによって、その人の誠実さが保証されるわけでもない。

では、どう判断すべきなのか？　理屈をこねくり回す必要はない。日常的にわれわれが実行している通り、発話が位置する文脈やその人の振舞い、あるいはこれまでの行状などから「私は誠実です」という発話を総合的に判断すればいいのである。しかも、たびたび混乱することもあろう。判断ミスをすることもあろう。だが、そのことは、誠実さを「よいもの」として承認しないことを意味しない。

誠実さと思いやり

ルース・ベネディクトは、『菊と刀』の中で、一つの逸話を通じて英語における"sincere"という言葉と日本語の「誠実」という言葉のずれを指摘している。愛知県の片田舎に育った牧野少年は、ミッションスクールで門番の仕事をしながら英語をある程度学んでから、信頼していた宣教師にアメリカに行って画家になりたいと打ち明けた。すると、「きみがアメリカに行きたいんだって!」と叫んで夫婦で笑った。少年はこの態度に痛く傷つき黙ってそこを退散した。

その少年にしてみれば、こうした場合嘲笑《ちょうしょう》するとは、弁解の余地のないほど不誠実である。だが、ベネディクトは、アメリカ人の立場ではこの宣教師はまったく誠実なのだと解説している。

ここで、アメリカ人にとって誠実とは心に思ったことをそのまま表明することであるが、日本人にとっては、いかに心に思ったことをそのまま表明しても相手を傷つける場合は誠実ではないと結論するなら（ベネディクトはそう結論したいようである）、それは違う。牧野少年の言葉遣い（後に彼はこのときの屈辱を含んだ一冊の書を英文で刊行している）は正確ではない。じつのところ、日本人もまた相手を傷つけないように巧みに嘘をつく人を――思いやりのある人と呼ぶかもしれないが――誠実な人とは呼ばないのだ。誠実な人とは、われわれ日本人にとっても自分のまったき真意を語る人のことである。

問題は、日本人にとって誠実さより重要な原理があるということなのだ。それは、「相手を傷つけない」という原理（＝思いやり）であり、誠実さはこの原理に反しないかぎりで価値を得るのである。だから、宣教師が笑うのでなく、静かにその不可能さを語るのであれば、少年にも彼の真意がすなわち誠実さが伝わったことであろう。

人間嫌いにならない「おとな」

人間嫌いの発生法則に戻る。

では、なぜかくも多くの人が、特定の人を嫌い特定の人から嫌われる体験をえんえんと重ねながら、人間嫌いにならないのであろうか？

まず、注意しておかねばならないことは、過酷な体験それだけでは人間嫌いを生み出さないということである。戦争体験が人を変えることは知られている。だが、あれほどの過酷な戦争を経たのに、ほとんどの日本人は人間嫌いにならなかった。すべての人が悲惨なとき、とくにそれが自然災害、あるいはそれに似たものである場合、人間嫌いの発生は食い止められる。阪神大震災のとき、九・一一の同時多発テロのとき、人間嫌いが多発したわけではない。

心の病は、極限的状況においてよりもむしろある程度の生活の安定と共に発生する。たしかに、豊かで安全なわが国において、うつ病、ＰＴＳＤ（外傷後ストレス障害）、ＤＶ（家庭内暴力）、ストーカー行為、痴漢行為など、（広い意味での）心の病は増加の一途をたどっている。だが、正確な統計結果は望むべくもないが、人間嫌いが最近とみに増大しているわけではない。

ひきこもりやニートのほとんどは、先の定義において人間嫌いであるわけではない。人間嫌いという領域に属する者もいるであろうが、彼らの多くは、心の病とは無縁であり、——原因はさまざまであれ——単に社会性の欠如した者、他人とのコミュニケーション能力の乏しい者にすぎない。いまの苦境を抜け出してどうにか社会復帰したい者、だがその端緒がつかめない者、あわよくば棚からぼた餅が落ちてくることを願っている者、ニーチェの言葉を借りれば「蓄群的功利性」（『道徳の系譜』）の持ち主にすぎない。

だが、人間嫌いはかならずしも社会生活不適格者なのではない。自分のほうから健全な（つまり、その社会で健全だと認知されている）人間関係を拒否しているのであるから。

ふたたび先にまとめた人間嫌いの条件を見てほしい。十歳にもなれば、誰でも（1）と（2）の体験は厭になるほどからだのうちに堆積する。だから、ある程度の人間嫌いになって当然のはずなのだが、どうも前後左右の人を見渡すと、重度の人間嫌いはことのほか少ない。これは、どう説明できるであろうか？

（3）までの条件を想い起こしてほしい。ほとんどの人は（1）や（2）を真剣に考えない。ごまかし通すからであり、そのほうが得だということを心の底から知っているからである。つまり、それほど「聡明」だからである。その中でも絶対的多数を占める善人集団は、（1）や（2）に至るずっと手前で足を止めてしまう。しかも、ごく自然に。

彼らのほとんどは、ある人が嫌いではあるけれど、それを押し隠してあたかも嫌いでないかのように振舞う術を体得している。いわゆる「おとな」なのだ。さらにこの技術に磨きがかかると、慇懃《いんぎん》無礼な立ち居振舞いから、自分がその人を嫌っていることを次第にわからせる、そういう巧みな演技さえ習得している。

こういう人は、よかれと思ってこういう演技を続ける。しかも、単なる自己防衛のためによかれと思っているのではなく、すべての人はこうすべきだという意味でよかれと思っているのであるから、金輪際自責の念にさいなまれることはない。自責の念を覚えるどころか、自分の演技的態度こそ正しいのだと心から信じているので、こういう演技を習得していない他人を非難することに心を集中させる。人間嫌いにとって、この人種ほど厭な奴はいない。だが、どこもかしこも、こういう人種が権力を握り、権威を振りかざし、「それでは生きていけないぞ」とか「もっと、他人に思いやりをもたねば」と真顔でとうとうとお説教をする。人間嫌いは、まさに彼らによって生産されるのだ。

他人に無関心な人

だが、善人集団の中には、どんな他人でも事実それほど嫌いではない人がいる。それは、彼らが他人を嫌いにならないように血の滲《にじ》むような訓練を重ねてきたからではなく、ごく自然にいかなる他人も嫌いではないからなのだ。彼らは人間的なもの一般に対して興味がないわけではない。人類の歴史には興味があり、政治にも興味があり、環境問題にも興味があり……だが、眼前の人間固有の特性には興味がないのだ。

だから、誰と一緒にいても、他人に巻き込まれることはない、影響されることはない、動揺することはない。自分の価値観、人生観はもうずっと前から確定しており、それはどんなことに直面しても揺らぐことはない。どんな集団の中にいても、心地よさそうにしており、分け隔てなく誰とも付き合う。それでいて、なぜかわからないが彼らの一人と一緒にいると無性に虚しい。この人は、基本的に自分に興味がないのだなあ、ということがはっきりわかるからである。

私の父がそういう人間であった。なかなか描写は難しいが、彼はどんな他人に対しても愛想がよく、厭な顔ひとつ見せない。誰の悪口をも言わない。誰に阿諛追従《あゆついしょう》することもない。物腰は紳士的で、激しく怒ることも笑い転げることもない。ただ、顔面の筋肉が軽い動きをするだけである。ときどきは議論もする。だが、自分の議論に固執することはなく、相手を打ち負かそうという情熱もない。

最も顕著な性向は、どんなに近い人でも（妻でも子供でも）、その人の気持ちがほぼ完全にわからないことである。彼は、いま眼の前の妻や子供が何に悩んでいるのか、まったくわからないのであり、わかろうとしないのであり、たまたま悩みを告白されても、理解できないのであり、理解しようとしないのである。だから、しばらく彼と付き合ううちに、人は彼に何も期待しなくなる。

彼は個々人の私的な悩みにはまるで関心を示さない。彼はあらゆる個人的問題を自分で解決している。誰にもけっして泣きごとを言わない。すべての人はそうすべきだと確信している。だから、そういう「些細《ささい》な」問題に引き回されている人間には、いかなる関心をも示さない。全身全霊で彼らの悩みを見ないようにしてきた結果、見えなくなってしまったのだ。

誰の悪口も言わないのは、——道徳的動機からではなくて——誰の私生活にも、ちょっとした失敗にも、些細な欠点にも、まったく関心がないからである。だから、彼は誰も嫌いではない。こうした人間は、ごく自然に定職を得、結婚し、子供をもち、それらの人間関係においていかなる悩みもなく、ひとりでいても別段寂しくなく、とりわけ重要なことだが、他人から批判されても、非難されても、罵倒されても（私の父は母から四十年間にわたって「冷血動物！　自分だけかわいいんだから！　あなたなんか結婚する資格ない！」と罵倒されていた）まったく痛手を感じない。

いかなる環境にあっても、くっきりした自分の空間を保持していて、そこはどこまでも安全であり、その中にいて幸せそうですらある。あえて分析すれば、彼はたぶん人生の過酷さに立ち向かおうとして、自分でも気がつかずにせっせと自己防衛の砦を、まったく自分が他人によって傷つかない城を構築してしまったのだ。しかも、――ここがきわめて重要なポイントなのだが――そういう自分が全然嫌いではないのだ。

彼はいったい人間嫌いなのだろうか？　定義の問題であるが、彼は狭義の人間嫌いには入らないように思う。「人間嫌い」という響きには、「生きにくさ」が混入している。世の中に対する、つまり他人に対する、そして多くの場合、自分自身に対する不満や嫌悪が共鳴し合いぎしぎし不協和音を発している。だが、私の父のような男には、それが完全に欠落しているのである。こうまで完全武装してしまった男を「人間嫌い」という範疇《はんちゅう》に入れるには戸惑いを覚える。ちょうど、友人も恋人もおらず、一日中まったくひとりでいて、何の苦痛も違和感も覚えない男を「孤独な男」と呼ぶことに躊躇《ちゅうちょ》するように。

人間嫌いの分類学

ここで、人間嫌いの境界を定める意味も込めて、人間嫌いを分類することにしよう。人間嫌いは次のように分類できる。

(1) 動物愛好型

弱い人間嫌い。人間は嘘をつくから嫌い。その点、動物は正直でいい、という思想を基本的によりどころとしている人。動物園に勤務する人に多い。幼稚園や保育園や小学校に勤務する人、あるいは童話作家にも、同じような人間嫌いがいる。これは、「人間嫌い」というより「大人嫌い」と言っていいかもしれない。良寛や、宮沢賢治、灰谷健次郎などは、この系列である。

（2）アルセスト型

モリエールの古典『人間嫌い』の主人公アルセストのようなタイプ。人間の心の醜さやずるさに辟易《へきえき》して、「人間はなぜもっと美しい心をもてないのだろう！」と嘆くタイプ。自分は純粋だと思っているぶんだけ、自己批判精神が欠如しており、言うならば精神的発育不良である。藤村操や原口統三あるいは太宰治など、こうした嘆きを抱いて自殺する者も少なくない。あらゆる文明的なもの、市民的なものを憎悪するルソーも、この系列の端っこに位置するのかもしれない。

（3）自己優位型

アルセスト型は未熟な人間観に基づいているのに対して（だから、青年に多い）、この型はもう少し実質が伴っている。だからこそ、最もたちが悪いとも言える。人間嫌いのうちでは、これが一番多いかもしれない。世の中にうじゃうじゃいるバカな人や鈍感な人や趣味の悪い人などと、どうしてもうまくやっていけない。それは自分が優れているためであり、彼らが自分の高みに至らないためである。だから、このすべては自分の責任ではない。自分は微塵《みじん》も変えずにいていいのだ。自分には、愚鈍な輩（つまり人類の大部分）を嫌う「権利」があるのだ。典型的には三島由紀夫や芥川龍之介。少し自己反省を加えると夏目漱石もこのタイプ。ほとんどの芸術家も、じつはこう考えているようである。

（4）モラリスト型

人間の心の醜さに嘆き顔を背けるのではなく、それをあえて観察の対象にしようと決意した人間嫌い。人間の細部に至って観察しつづけ、その滑稽さ、卑小さを抉り出し、「おもしろい」と呟き、どうにか人間に対する絶望から逃れているタイプ。パスカルやモンテーニュ、ラ・ロシュフコーやラ・ブリュイエールなどのモラリストは典型例であり、さらにはカントやニーチェなども含めてよい。わが国のモラリストとしては、兼好法師をここに入れていいであろう。

（5）ペシミスト型

人間や人生に対して深い恨みを抱いているタイプ。所詮この世は生きるに値せず、人間は醜い、この世は闇だ、と言いつづけることによって、かろうじて均衡を保っている。ショーペンハウアーが典型例であるが、永井荷風もここにおさまる。

（6）逃走型

芭蕉や山頭火のように、社会から逃れて放浪するタイプ、あるいは、西行や鴨長明のように、山に篭《こも》るタイプ。サン＝テグジュペリのように、大空に「ひきこもる」者もいる。彼らは、一般的には人間を愛しているのだが、個々の人間は大嫌いだというコントラストのうちにある。

（7）仙人型

きわめて少数なのだが、世の中を達観した人間嫌いであり、愚かな俗物どもを「優しく見守る」人間嫌いである。悟りに至った禅僧などはこの部類に入る。

もちろん現実の人間嫌いはこれらタイプの折衷であり、中間であり、合体である。私自身反省してみるに、（1）と（2）それに（6）と（7）の要素は無限に希薄であり、（3）（4）（5）を合成したタイプであると自覚している。ということは、たぶん一番ありふれた人間嫌いなのではなかろうか。

社交的人間嫌い

人間嫌いというと、みな気難しいひねくれ者と思う御仁がいるが、それは人間をよく見ていないからである。きわめて如才なく、人あたりがよく、社交的でさえある人間嫌いもいるのだ。こうした「高度の人間嫌い」を紛れもない人間嫌いと見抜く眼、それは別の人間嫌いの眼でしかない。善人は、たとえ（物書きの場合）彼らの書くものに人間嫌いの臭気をかぎつけたとしても、彼らの社交的な振舞いに眼がくらんで「ずいぶん読者を騙すのがお上手ですね」と言う。それは、善人たちの脳髄が人間の複雑さを把握できない原始的構造に留まっているからであり、それにつながる眼も耳も節穴だからである。

こうした人間嫌いは、その人あたりのよい態度によって眼前の人を騙しているわけではない。彼（女）は、普遍的に人間が嫌いという自分の感受性に対して自責の念が強いので、その人間の一人を前にすると、不憫《ふびん》で（？）つい愛想よくなってしまう。こんなに嫌って申し訳ない、せめて罪滅ぼしのために、精一杯感じよく応対しよう、と思ってしまうのだ。

あるいは、こうも言える。長いあいだあまりにも人間を嫌ってきたので、しかもそれが社会では受け容れられないことを承知しているので、微に入り細を穿《うが》ってみずからを守ってきた。刑法の専門用語を使えば「過剰防衛」である。日本国刑法第三六条は「正当防衛」であり、その第二項は「防衛ノ程度ヲ超エタル行為ハ情状ニ因リ其刑ヲ軽減又ハ免除スルコトヲ得」であるが、これが過剰防衛の規定。相手が殴りかかってきたので、とっさにナイフで刺してしまったというような場合、無罪ではないが刑は軽減される。ちょうどこのように、長い年月をかけ善人によるすさまじい迫害に対してあまりにも自己防衛してしまったので、人前で危険がなくてもつい過剰に防衛本能が働いてしまうのである。

私は、こういう輩を直ちに見抜くことができる。かいがいしい態度で接しながら、彼らには眼前の他人に対する興味の眼差しが決定的に欠けている。結局のところどうでもいいのであり、正確に言いかえれば、彼（女）自身にはツユほども興味がないが、彼（女）が自分に対して抱いている好奇心や賞賛には興味がある。それが、自分に栄養分を与えるからである。有名人がファンに対するときの思いっきり人あたりのよい態度に似ているであろう。

私も――よく自覚しているが――、他人の眼にはかなり社交的に見えるのではないかと思う。恐ろしく頭はいいが人間を見る眼がない人――パスカルの言葉を使えば「幾何学的精神」は異常に発達しているが「繊細な精神」は幼児段階に留まっている人（残念ながら哲学仲間にも少なくない）――は、私を「人間好き」とすら評する。

先ほどの人間嫌いの分類表を思い出してほしい。私には（4）のモラリスト型の要素がだいぶ混入していて、人間をどこまでも正確に観察することに興味を覚える。だが、その人が実現している人間タイプに興味があるのであって、その人自身に興味があるわけではない。私は読者からの手紙を全部ファイルにきれいに綴《と》じて保存している。なぜなら、――彼らのうちの誰にも人間として興味がないのだが――彼らの「私に対する」見解に興味があるからである。私が身をもって接する他人も、私が逐一彼（女）の言葉や表情やしぐさを正確に憶えていると、自分に興味があると思い込んでしまう。

たしかに、私は大学内でも快活に（？）仕事をすることができ、同業者とも学生とも如才なく付き合うことができる。研究会の席でも、ごくたまに学会に出かけても、直ちに社交性を発揮する。それは、長いあいだ鍛えてきた過剰防衛の賜物である。

そういう席で、私は「ぼくは人間嫌いなんだ」と告白する。みな、にやりと笑う。そうでなくとも、怪訝《けげん》な顔をする。ほとんどの人は、私が自分の本性を否定し、さらにもう一度否定して、弁証法的に（？）自分の本性を露出するとき、すぐに騙されてしまうほど脳の構造が単純なのだ。人間とは、さまざまな場面で、こうした技巧を駆使してぬけぬけと自分の本性を語ることを知らぬわけでもないであろうに。

ここで、こうした「社交的人間嫌い」と先に紹介したような（私の父のような）「他人に無関心な人」との違いを吟味してみよう。キルケゴールは「絶望」について、微に入り細を穿った思索を展開しているが、可能性と現実性に関する考察は卓越している。

その弁証法的論理はヘーゲルそのものなのだが、キルケゴールによると、絶望していない人に二種類ある。その一つは、ごく自然に絶望していない人であり、彼（女）が現に絶望していないのは、（動物のように、異教徒のように）単に絶望できる段階に至っていないからである。この場合、「絶望していない」という現実性は「絶望しうる」という可能性より劣っている。そして、もう一つは、油断すると絶望してしまうのだが、つまり絶望「しうる」不安が刻々と襲いかかるのだが、それを全身で振り切って絶望していない人である。この場合、「絶望していない」という現実性は「絶望しうる」という可能性より優れている。こうして、「絶望していない」という現実性には、そのうちに「絶望しうる」という可能性を含まない低級な場合とその可能性を含む高級な場合があるのだ。

絶望していないということは、まさに絶望しうるという可能性が否定されたことを意味するのでなければならない。ある人間が絶望していないということが真であるならば、彼は絶望しうるという可能性を各瞬間において否定するのでなければならない。

（『死に至る病』拙訳）

この論理を人間嫌いに当てはめてみよう。私の父のような「他人に無関心な人」は、ごく自然にそういう生き方を選び取っているのであって、そういう自分に絶望していない。だが、私のような「人間嫌い」は、そういう生き方に絶望しそうになるのをかろうじて食い止めて生きているのであって、こういう鍛錬によって絶望していないのである。「他人に無関心な人」がある日自分の生き方を省みて、絶望に陥ることは絶対にないであろう。だが、「社交的人間嫌い」はつい油断すると絶望に陥ってしまう。その不安と恐怖との背中合わせで人間嫌いを選び取っているのである。

ラ・ロシュフコー

ラ・ロシュフコーがあれほど精緻《せいち》に人間を観察しえたのは、その誰にも個人的に興味を覚えなかったからである。彼の『箴言集』における次の言葉は、不気味なほど鮮やかに人間嫌いのホンネを表現している。

私は憐憫をほとんど感じないし、できれば全然感じないでいたいと思う。とはいえ、私は苦しんでいる人を助けるためにはどんなことでもせずにはおかないし、実際に私はあらゆることをなすべきだ、その人の不幸に大いに同情を示すことさえすべきだ、と思っているのである。というのは、不幸な人たちはじつに愚かなので、同情を示されることが彼らには無上の恵みになるからである。しかし、私は同時に、同情は示すだけに留めて、心にそれを感ずることは注意深く避けられるべきだと考えている。

（『ラ・ロシュフコー箴言集』二宮フサ訳、岩波文庫）

彼は上流貴族であった。このすべては「ノブレス・オブリージュ（社会的に優位に立つ者の義務）」に基づく貴族のたしなみかもしれない。だが、「同情は示すだけに留めて、心にそれを感ずることは注意深く避けられるべきだ」という言葉は、あまりにもあからさまに、あまりにも正確にそのたしなみを語っている。彼は、長いあいだの鍛錬によって、じつに巧みにこの信念を貫きつづけたように思われる。このことによって、彼は二つのものを手に入れることができる。その一つは、苦しんでいる人々を助けることができるという満足感であり、それによる彼らからの感謝であり、そしてもう一つは、苦しんでいる人を見殺しにするという罪責感から自分を解放できることである。

そして、自分の動機が「不純」であることに彼は――カントのように――悩まなかった。考えてみれば、これによって道徳的な善は実現されないとしても、苦しんでいた人は彼によって助けられ、同情さえ示され、彼自身もこれで満足なのであるから、被害者は誰もいないわけである。

このラ・ロシュフコーの告白に感動するか（私は感動してしまう）逆に反感を覚えるかによって、各人は自分が人間嫌いか否かを測定できるであろう。そして、現代日本のほとんどの人、すなわち善人は、申し合わせたように、この言葉に「人間としての寂しさ」を感じるのではないだろうか？　それは、社会がそう感じるようにマインドコントロールに余念がなかったからである。

「人間嫌い」という格律

生きていくには――完全な狂人でないかぎり――どんな生き方を選ぼうとも、何らかのルールに従っている。カントはこれを「格律（Maxime）」と呼んだ。カントによれば、各人の格律が「普遍的立法の原理」として成立しうる場合、それは道徳法則になりうる。そのリトマス試験紙は、次の二つの定言命法である。

(1) きみの意志の格律が、常に同時に普遍的立法の原理として妥当しうるように行為せよ。

(『実践理性批判』拙訳)

(2) きみ自身の人格における、また他のすべての人格における人間性を、常に同時に目的として使い、けっして単に手段として使わないように行為せよ。

(『人倫の形而上学の基礎づけ』拙訳)

この場合、私が従っている格律は「人間嫌い」であり、いま少し細部にわたって記述してみると、「他人との付き合いを避ける」あるいは「みんな一緒ですることには参加しない」、さらには「他人に共感を覚えない場合には、共感しているかのようなそぶりをしない」あるいは「他人の好意をいっさい期待しない」などとなろう。これらが果たして普遍的立法になりうるかどうか吟味してみよう。すると、なりえないという結論が直ちには導かれないことがわかる。すべての人がこれに従うとき、何か困ることでも生ずるであろうか？

各人がそんなに協調性のないことでは、社会が成り立たない、という反論はありえよう。だが、現代日本では強迫神経症的に協調性が教育されているから、そんな気がするだけであって、学校でも職場でも、みんな一緒にすること、共感を強制すること、好意を期待することを極小に抑えるような社会を実現してしまえば、まったく問題はない。人間嫌いはまさにそういう社会の実現を意志するのであって、それが「普遍的立法の原理として妥当」することを意志するのである。この場合、人間嫌いの格律が普遍的立法の原理として妥当するか否か、膨大な数の他人に聞いて回る必要はなく、自分の内なる「理性」の声に耳を傾ければそれでいいのだから、そして人間嫌いには何千回耳を傾けてもそういう声が聞こえてくるのだから、ここには矛盾はない。

それでも「社会が成立しない」と固く信じて追い討ちをかけてくる人には、さらに次のように答えられる。すなわち、（1）の文面をよく読めばわかるように、普遍的立法になりうる条件として、社会の成立はまったく要求されていないのだ。このことは「嘘」に関するカントの事例から一目瞭然である。どんな場合にも嘘をついてはならないとすれば、疑いなくいかなる社会も崩壊するであろう。だが、カントはこれを普遍的立法として（しかも、その中核として）承認している。たとえこの結果社会が崩壊したとしても、「嘘をつくべきではない」という理性の声はそれ自体として有効なのである。

では（2）はどうか？　私は人間嫌いであることを一ミリメートルも変えずに、他人の人格における人間性を尊敬することができる。私が他人の信条を、それに基づいた格律をいかに嫌っていても、その人が私から遠ざかってくれさえすれば、私に関与しないでくれれば、それでいいのであって、彼（女）を「けっして単に手段として使わないように行為」することはたやすいことである。こうしてみると、「人間嫌い」という格律は普遍的立法の原理に正面から反するものではなさそうである。

他人に親切にするという格律

視点を少し変えてみよう。カントは普遍的立法の具体例として、完全義務を二つ、不完全義務を二つ、計四つ挙げている。自分自身に対する完全義務としては「自殺してはならない」、他人に対する完全義務としては「守れない約束をしてはならない」、自分自身に対する不完全義務としては「自分の知的・道徳的資質を向上させねばならない」、他人に対する不完全義務としては「親切にしなければならない」というわけである。

ここでは、最後の「他人に親切にしなければならない」という義務について考察してみる。これは、果たして普遍的立法の原理として妥当するのであろうか？

一概には言えない。限界状況においては、飢えに苦しんでいる人に一切れのパンを与えること、渇きで死にそうな人に一杯の水を与えることは、ほとんど普遍的義務のように思われる。重い荷物を引いている老人を手助けすること、親からはぐれて途方にくれている子供を警察署に連れて行くことなども、義務と言っていいであろう。だが問題は、それほどでもない場合に、他人に親切にすることが普遍的義務になりうるかである。嫁の愚痴ばかり言っている隣の老婆の話し相手になってやること、上司に懇願されてその引っ越しを手伝うことなど、われわれが悩むのはこういう場合なのだ。他人は、私の親切を期待してずかずか私固有の領域に入ってくる。

とりわけ、手に負えないのは、私に自分の親切を押し売りする人である。自分の作った家庭料理をぜひ食べてもらいたいと言って私を招待する。私にぜひ会わせたい人があるから会うように懇願する。どこそこに旅行に行くと告げると、この名所はぜひ訪れるべきだ、あのレストランにはぜひ入るべきだと言う。それだけではない。じつに帰ったあとで、ほんとうに行ったかどうか点検さえするのだ！

私にとって、厄介至極なのは、こういう「親切な申し出」である。私はたとえその人を（深く）傷つけることになろうとも、こういう親切に応ずることは義務ではないと考える。

われわれが多くの場合、こうした申し出にいやいやながらも応ずるのは、二つの場合であろう。第一は、自分が断るとその人との人間関係が悪化し、ひいては自分に仕事上のマイナスが及ぶ場合。第二に、そうではなくとも、噂が広まり自分の評判が悪くなる危険がある場合。病院に会社の同僚の見舞いに行くのも、社長の葬式に出席するのも、みなこの二つの理由に帰着する。

わが国では商店街を歩けば、「寝タバコに注意しましょう！」とか「戸締まりをしっかりしましょう！」という甘ったるい注意放送が垂れ流され、夕方には防災行政無線の鉄塔から「よい子のみなさん、おうちに帰りましょう」という放送が流される。区（市）役所も消防署も警察署も「よかれ」と思って、ああしましょう、こうしましょう、とガナリたてるのだ。こうした暴力がまかり通っているのは、放送を流す側に何の罪悪感もないからである。親切を押し売りする人は、他人がそれを拒否することなど考えもしない。いや、こんなに親切にしているのに、それを不快に思うとはなんと無礼なと憤り、もっとたちの悪いことに「心の貧しさを悲しみ」、そこでぴたりと思考を停止してしまうのである。

こういう公的暴力装置に対しては、なかなか断ることができないが、（だから、その暴力たるやすさまじい）私的関係においては、人生を半分（以上）降りた私としては、もはや意志に反して親切な申し出に応ずる理由がまったくないので、すべてはっきり断ることにしている。人間嫌いは、――いかなるタイプであろうと――みなそう思っているであろう。人間嫌いとは、習慣化された人間社会の親切な申し出がことのほか鬱陶《うっとう》しい人種なのだ。その申し出がどんなに誠意あるものであろうと、――いや、誠意があればあるほど――それを断ると非難する（がっかりする）姿勢がすでに準備されており、こういう形で他人を縛る暴力を感じるからである。

こうした暴力に晒《さら》されつづけてきた教訓から、人間嫌いはまかり間違っても自分のほうから他人に親切な申し出をすることはない。あるいは、油断してわずかにしてしまうかもしれない。だが、断られても、「ああ、そうか」とさらりとそれを受け流すのである。

カントは親切の押し売りに潜む暴力をよく知っていた。彼は次のように言っている。

多くの人が、喜んで承認するであろうことは、自分がおよそ他人に親切を示さなくても済むのなら、他人も自分に親切にしてくれなくてもよい、ということである。

（『人倫の形而上学の基礎づけ』拙訳）

カントがあれほど頻繁にかつ熱心に食卓の仲間と歓談しても、彼は基本的に他人に興味がなかった。その人が有している知識や経験に旺盛な興味を示しただけである。

こういうことは人間嫌い同士なら一瞬のうちにわかるのに、非人間嫌いにはどんなに説明してもわからない。わかろうとしない。説明を始めたとたん、心は蓋《ふた》をしてしまうのであるから。

人間嫌いを「超えた」人

この章の最後に確認しておくと、人間に対する憎悪が無限小である「他人に無関心な人」が人間嫌いと言えないように、人間に対する憎悪が一定の段階を超えてしまうと、もうそれは「人間嫌い」というような生易しいレッテルでは表現できず、――言葉は見当たらないが、――人間への悪魔的憎悪の持ち主と言うべきであろう。ドストエフスキーの主人公のうちでは、『悪霊』の主人公スタヴローギンや『罪と罰』に登場するスヴィドリガイロフや『カラマーゾフの兄弟』に登場するイワンやスメルジャコフのような男。あるいは、ヒトラーはもちろんアイヒマンやゲッベルスのような男である。

また、仙人型があまりにも強くなってしまうと、人間をはるかに卓越してしまっているので、「嫌う」という感情が無限小に希薄化してしまい、もはや人間嫌いとは言えない。仙人型であって人間嫌いというには、まだこの世に何がしかの未練がなければならない。この意味で、高橋たか子は人間嫌いに留まる。『荒野』より。


欲望がないのよ。

野辺道子はそう答えてから、性の欲望だけがある、と思った。

君は仕合せなのか。

何もかも退屈、一切が無意味。好きな男と会っている以外は。これが、私の生きている拠りどころ。


生きていて何一つおもしろいことはない。子供の時からそうだった。この世を形づくっているいろいろな決まり、あらゆる人が躍起になってしがみついているさまざまな拠りどころ、そうした一切が、野辺道子にはもぬけのからのように思える。けれどもそう

（講談社）

ではないものが一つだけある。

こういう言葉を吐く女は高橋自身である。男の場合でも、太宰治、坂口安吾、檀一雄らの無頼派に典型的であるが、人間の為すことすべてをくだらないとしながら、性欲に身を委ねる生き方は少なくない。だが、男たちの場合は、そこに「希望」を見てはいない。品行方正な人々の欺瞞《ぎまん》を激しく嫌う彼らは、その欺瞞の極致である性的欺瞞に挑んでいるのだ。だから、彼らは性行為を続けながら幸せそうではない、むしろ苦しそうである（この傾向は、太宰、安吾、檀の順に強い）。

性に真の人間的結びつきを見ようとするD・H・ロレンスですら同じであり、性行為自体は好きでない、という彼の告白を読んだことがある。

これに反して、女の場合、岡本かの子、宇野千代、（かつての）瀬戸内寂聴と並べてみれば一目瞭然であるが、文字通り性に希望を見ている。高橋はこうした女流作家たちとは質感が異なるが、やはり性を人間同士が結びつきうる最後の場所として残しているのだ。人生の限りない退屈さや虚しさを忘れうる唯一の力をそこに求めて。

アンドレ・ジッドは、これらの作家たちよりはるかにしたたかな道を行く。

そのうえ、私は欲望を眠らせてしまわないようにと注意をした。この点に関しては、とくに賢明な態度を示しているモンテーニュの助言に耳を傾けた。彼は欲望を放棄したり、禁じたりするところに賢明さがあるのではなく、奮発して肉体の快楽に向かうことさえあえてして――彼をよく理解すればそういうことになる――この秘められた力の源泉をあまりに早く涸らしてしまわないように注意することこそ賢明な技であることを知っていたのである。

（『死を前にして』新庄嘉章訳、新潮社）

八十歳を超えた老人の告白である。ジッドは厳密には人間嫌いと言えないであろうが、人間嫌いである私には、彼の語ることがよくわかる。この世は快楽と苦痛が反転する恐ろしい煉獄《れんごく》である。だが、それでもこれらを達観した精神を獲得してしまったら、欲望の火を完全に消してしまったら、つまり仙人になってしまったら、なんとつまらないことか！　人間嫌いは、本物の仙人になって精神の安泰を獲得するより、喜怒哀楽にゆさゆさ揺すられ、人間を嫌いつづけることを選ぶのである。人間嫌いの別名は「人間的、あまりにも人間的な輩」なのだから。

2

共感ゲームから降りる

感情教育

まず確認しておかねばならないことは、「感情教育」は言葉の習得と並行しているということである。幼児は言葉を習得する過程で、同時に言葉にまとわりつく感情をも学ぶのだ。排泄物を「汚い」と学び、母親の温かく柔らかい肌を「気持ちいい」と学び、父親の怒る顔を「怖い」と学ぶ。ジャック・ラカンの言葉を使えば、まさに「欲望は他者の欲望」なのであり、大人が「いい」と呼ぶものを「いい」と感ずるほかはなく、大人が「きれい」と呼ぶものを「きれい」と感ずるほかはなく、大人が「かわいそう」と呼ぶものを「かわいそう」と感ずるほかないのである。

したがって、はじめからナマの個人的感受性があるわけではなく、個人の感受性は、人生の開始から社会によって徹底的に調教される。その調教は、道徳的感情と美学的感情とにおいて複雑に絡み合って進行する。青空を背にくっきりと浮かび上がる富士山を眺めて美しいと感じない感受性は間違っており、雪の中に芽を出す若芽に感激しない感受性はまともではない。同様に、白雪姫に毒りんごを食べさせ殺してしまう妃に怒りを覚えない感受性は狂っており、眼をくり抜かれ金箔を剝《は》がされた幸福の王子とその足元に冷たく横たわっているツバメに涙しない感受性は正しくない。

小学校の国語の時間以来、いやそれよりずっと前から、両親も教師たちも必死になって子供に感じるべきことを感じるように教育する。そして、こうした感情に関する最も基本的な（ヴィトゲンシュタイン言うところの）「言語ゲーム」を完全に習得した後に、やっとさまざまな感情の個人差が生まれる。さらなる複雑な言語ゲームを習得していく過程で、次第に他人との細かい差異に気がついていくわけである。

だから、共感にも、大まかに言って二段階ある。その第一段階は、言語を習得する段階において調教される人間にとって最も基本的な「共通感覚（sensus communis）」の形成である。この段階における共感能力は言語を学ぶときに同時にわれわれのからだに刷り込まれるのであるから、個人が拒否することはできない。他人が「きれい」と言っても、「かわいそう」と言っても、その意味の片鱗もわからない子は、健常者としての社会生活を営めないであろう。

そして、その第二段階は、基本的な感情の文法をマスターした後に、個々の子供が、自分の感情の他人との（わずかな）違いに気づくことによって形成される段階である。子供たちは感情教育の成果をからだにすっかり取り込んでしまってから、はじめて「きれい」とか

「汚い」とか「おいしい」とか「いい」とかに関して、自分と他人との差異に気づくようになる。ほかの人がどんなに「おいしい」と言っても、同意できなかったり、どんなに「いい」と言ってもそう思わないことを通じて、「個性」を磨き上げるのである。この場合、子供たちは同一の食べ物について、他人にとっては「おいしい」ものも、自分にとっては「おいしくない」と発話することが可能であることを学ぶ。「共感すべきこと」と「自分が現に共感していること」とのあいだに広がる溝に気づきはじめるのだ。

共感理論

共感に関しては、これまでさまざまな哲学者がさまざまな見解を披露してきたが、大まかに言って、共感をも自己利益の追求のうちに取り入れてしまう見解と、共感は他の感情からの派生物ではなく、独特の感情であることを認める見解とに分かれる。本来、人間を徹底的に利己的な動物と見るか、それとも他人に対する共感をもった動物とみなすかの違いである。西洋近代哲学における前者の教祖はホッブズであり、彼に対するさまざまな異論の提起が、その後の共感思想を形成してきたと言っていい。それは、自己利益の追求と並んで、広く非利己的な他者への感情を認めるという思想であり、バトラー、ハチソン、シャフツベリ、ヒユーム、ルソーなどが、さまざまな形で共感を肯定し、とりわけアダム・スミスは、共感を最も基本的な人間の能力とみなしている。

マックス・シェーラーは、共感を現象学の立場から詳細に研究し（『同情の本質と諸形式』シェーラー著作集8、飯島宗享他訳、白水社）、それが感情伝播や相互感得や一体感などと異なり、共感される人と共感する人とのあいだの「距離」と「本質的差異」に基づいていることを強調する。私がある人に（真に）共感するとき、私は彼（女）との本質的差異を完全に保ったまま、共感するのでなければならない。シェーラーは、共感と愛とを後者が前者を基礎づけるという形で区別しているが、それでも彼の共感モデルは限りなく「アガペー」に近いものである（アガペーも普通の意味での愛ではない）。

だが、われわれが日常的に使用する「共感」という概念はもっと広漠としたものであり、明確にプラスの価値をもったものとは限らない。とくに——後述するが——共感には多分に演技的要素が混じっていることに注目しなければならない。

哲学者以外にも、フロイトをはじめとする精神分析学者やロジャーズなどの心理学者たちは共感という感情に興味を抱き、科学的に研究しはじめた。『共感の心理学』（澤田瑞也、世界思想社）を参照して、重要な論点を指摘すると、まず、共感は他者を認知する過程であるか、他者との感情の共有であるかという問いがあるが、こうした問いを立てるのなら、当然後者となろう。シェーラーの共感論が共感から感情伝播や相互感得を一掃してしまったので、共感はいわばアガペー＝知的愛といった独特の認知的色彩を帯びてしまう。だが、当然のことながら、感情の共有には最も基礎的な認知が成立していなければならない。しかも、このことからは、共感が生理的なレベルのものであることは導かれない。澤田が言うように「感情の表出行動はしばしば社会的・文化的表示規則の影響を受け」るのみならず、感情自体がすでに社会的・文化的規則に従って形成されているからである。

ロジャーズ以降、共感は相手の話に聞き入るスキル、感情を反映するスキルであるのか、それとも他者と共にあるあり方（＝態度）かという議論がなされているが（『カウンセリングと共感』澤田瑞也、世界思想社）、ロジャーズは精神分析医のクライアントに対する共感をモデルにしているからこうした二者選択になるのであって、一般的に共感とは両者とも含むと言えよう。すなわち、いかにスキルを具えていても共感的態度が形成されていなければダメであり、共感的態度にはかなりのスキルが必要だということである。このことは、共感の有する演技的性格を指し示す。共感とは、ナマの感情の吐露というより、共感すべきことを共感すべきように自分を仕向けている意志なのである。

こうした観点から見ると、以上の科学的共感理論において踏み込みが足りないのは、共感とは個々の局在的場面で要求されるのみならず、広く人間の「あるべき」倫理的態度としてあらかじめ共同体において要求されているということである。

現代の魔女裁判

いかなるものに対して共感すべきかは共同体の有する倫理的風土であって、その風土の中で個人の共感能力は形成される。しかも、これは理詰めではなく、きれいごとではない。与えられた共同体のうちで期待される共感のスキルと態度が、個々人のからだに容赦なく叩き込まれるのだ。友達が転んで泣いているのを見て「わーい、わーい」とはやしたてる子は共感能力がないとみなされて激しく叱られる。北朝鮮に拉致された家族の苦しみを伝え聞いても「なんともない」と答える男は、道徳的に裁かれる。

こうした暴力的状況を察知して、人々はみな（とりわけ公共空間では）「現に共感していること」ではなく、「共感すべきこと」を一斉に語りはじめる。こうして、共感は演技を呼び起こす。共同体においてプラスの価値を有する事柄に対して共感する者は賞賛され、それに共感しない者は非難されるがゆえに、その共同体で生きていくために、人々は必死になって共感を演技するようになる。すなわち、各人に固有の感情形成とそれを押し隠す演技力の形成は同時に遂行されるのである。

（西洋型）現代社会では、とりわけ被差別者をはじめとする弱者に対する共感＝同情が規範化されており、そこに壮絶な「共感ゲーム」が繰り広げられている。身体障害者の苦労に共感＝同情しない輩、人種差別を受けた者に共感＝同情しない輩は社会から葬り去られる。この恐ろしいゲーム状況において、多くの者は生きながらえるために共感＝同情しているふりをする（演技する）のである。

戦前のわが国で、天皇の命に共感しない者、戦争遂行に共感しない者には、身の危険があった。現代日本からはこうした恐怖政治が消え去ったと思ったら大間違い。じつのところ、現代日本においてこそ、共感ゲームはほとんど魔女裁判の様相を呈している。憲法で表現の自由が認められているが、目線を低くしてこうした現状をつぶさに観察してみると、表現の自由という理念はまったく機能していないとすら言える。現代日本人とて、各人がさまざまな固有の信条や感受性をもっていることは当然である。だが、それを表現する段になると、恐ろしいほど一致してしまうのだ。

現代日本では（とりわけ公共空間では）誰もが同じ言葉を同じように語り出す。「女は産む機械」という厚生労働大臣の発言に共感するなどもってのほかである。罹災者《りさいしゃ》には全身で共感しなければならず、痴漢には怒りをぶつけなければならない。すべて「決まり通りに」反応することが要求されるのだ。こうした重圧のもとで、人々はじつは共感していないのに共感したふりをする。じつは共感しているのに、共感していないそぶりをする。自分の気持ちからずれた共感ゲームを大真面目でえんえん続けるのである。

そうしていながら、なんともない人も少なくない。だが、同じくそうしていながら、心の奥底でうんざりしている人もまた同じ穴の狢《むじな》である。後者は、自分の誠実さより社会的規範を優先することを選び取っており、そのことをもって共感ゲームをしっかり支えているのであるから。

共感ゲームと誠実さ

他人に対する共感は、自他に対する誠実さを大切にする人間嫌いにとって、難題中の難題である。共感すべきであることはわかるが、自分が事実共感していないとき、自分の感受性をごまかすことができない。だが、その結果、他人を傷つけ、不快にさせ、その場の空気を濁らせる。それでもなんともない人は、人間嫌いではない。ただの変人である。正しい人間嫌いは、そのことに心の底から悩む。だからこそ、人間嫌いはそういう場面をなるべく回避しようとしてひとりでいようとするのである。

だが、世の中の「善人」たちは、こうした苦労など思いもよらない。彼らは、葬式に行けば自然に悲しい顔になり、結婚式に呼ばれれば自然に晴れやかな顔になる。彼らは（ほとんどが嘘である）社交儀礼にいそいそ従う。彼らは自分が不誠実とはツユ思っていないであろう。彼らが素朴な共感の信奉者であるとは限らない。彼らとて、これが自分の本心の吐露でないことは知っている。

彼らのほとんどは、かならずしも他人が喜んでいるときには共に喜び、他人が悲しんでいるときに共に悲しむわけではない。とはいえ、彼らは他人が悲しんでいても自分が悲しくないとき、——ここが重要なのだが——たやすく悲しいそぶりをすることができる。他人が喜んでいても自分はちっとも嬉しくないとき、嬉しいふりをすることに自己嫌悪を覚えることはない。自分の誠実さを放棄したことに悩むことはなく、あるいはそれを圧殺して社交儀礼に従うことに何の痛痒《つうよう》も感じない。これは、社会を成立させるために、気持ちのいい人間関係を維持するために、むしろ必要なことなのであるから。

これは、自分が喜んでいるときには他人にも喜んでもらいたく、自分が悲しいときには他人にも悲しんでもらいたいという彼ら自身の欲望に裏打ちされて、ますます確固たるものになっていく。

社会学者のゴフマンは、こうした「儀礼行為」を詳細に分析している（例えば、『儀礼としての相互行為』浅野敏夫訳、法政大学出版局）。われわれは、ある場にふさわしくみずからの態度を適合させることによって、特定の儀礼行為を承認するのであり、われわれは互いにそのことを承知している。ここでは、各人の「本心」はとくに期待されず、「それらしい」振舞いを維持してくれればそれでいい。このことが、どんなに社会を円滑に進めているか計りしれない。

人間嫌いといえども、このすべてを頭では理解できる。だが、誠実さに対する神経が異常に発達しているので、こういう共感ゲームにコミットすることが無性に不愉快なのである。こうした自己嫌悪を避ける唯一の道は、世間の善人集団から距離をとることであるが、それは世間から距離をとることにほかならない。つまり、なるべく人と付き合わないことにほかならない。夏目漱石が西園寺公望首相から雅宴《がえん》の招待状を受けたとき、次のような俳句を葉書に書いて断った。

時鳥厠なかばに出かねたり

親戚の者があまりにも失礼だと止めたにもかかわらず、漱石はそれを投函してしまった、と鏡子夫人は『漱石の思い出』（文春文庫）の中で語っている。

共感の押しつけに対抗する

私は、他人が私に共感しないことには耐えられる。それを他人に要求すらできる。私が悲しいとき、他人も同様に悲しがってくれとは望まない。私が嬉しいとき、他人もまた喜んでくれとは要求しない。私が法学部をやめて留年したとき、全身が虚脱状態になるほど悲しかったが、その知らせを受けて同じように悲しかった（小学校以来の）仲間はほとんどいないであろう。私がウィーンで突然東大の教授から助手に来ないかという連絡を受けたとき、天に昇るほど嬉しかったが、それを聞いて同じように嬉しかった（大学以来の）仲間はきわめて限られるであろう。

むしろ、私が東大法学部を捨てたことを聞いて体内にじわりと喜びが広がった知人も少なからずいたであろうし、私が東大助手に赴任することに内心穏やかでない気持ちを抱いた知人もいたであろう。その人と何かを競っていれば、他人の不運や失敗に喜びを感ずること、そして他人の幸運や成功をいぶかることは、当然でさえある。ウィーンで東大助手に決まったことを告げたとき、ウィーンに長く滞在し将来の展望のない音楽評論家のYさんの口からとっさに、「中島さん、いいなあ。美男でなくても背が低くてもいいじゃないか」という言葉が出たときは、そのむっちりした中年女性のような顔と体形の自分自身はどうなのだとさすがに啞然《あぜん》としたけれど。でも、私はこの言葉を「ひがみ」と解釈してしまうほど傲慢なのだから、おあいこである。

それにしても、世の中には自分の成功を「みんな」が喜んでくれるべきだと決めてかかる浅はかな輩が蔓延《まんえん》しているのだから、そして喜び方が少ないと憎みさえするのだから、困ったものである。とくに近い（したがって何かと比較されてしまう）仲間の成功や幸運を「すなおに喜ぶ」のは、人間にとって最も難しいことである。

自分がどんなに嬉しくても他人は喜ばないであろう、悲しんでも他人は悲しまないであろう――このように他人の共感をわずかにも期待しないことは鍛錬によって実現できる。だが、他人が私に共感を求めてくるとき、それを拒否することははるかに難しい。私は、これに対して少なく見積もって三十年は考えてきた。

私は、知人が結婚しても子供が授かっても、ちっとも嬉しくない。だがそう語ることはない。なぜなら、そう語った瞬間に、はじめ何の悪意もなかった「嬉しくない」という私の言葉は、社会の重力場の中で捻《ね》じ曲げられて、すさまじい悪意とみなされてしまうのだから。同僚が死んだことを知らされても、わずかも悲しくないことを正確に伝えるのはさらに難しい。

このことからわかるように、他人の幸福に対して共感しないより、不幸に対して共感しないほうが社会的圧力は強い。不幸な人に対して共感や同情を抱くこと、少なくともそういうそぶりを見せるべきことは、子供のころからとりわけしっかりしつけられるのだ。

アダム・スミスは次のように断言する。

愛は快適な、憤慨は不快な情念である。したがって、われわれが友人たちにわれわれの友情を受け入れてもらいたいと思う気持ちは、われわれの憤慨に入り込んでもらいたいという気持ちの半分の強さもない。われわれが受けたかもしれない愛顧について、彼らがわずかしか心を動かされないように見えても、われわれは彼らを許すことができるが、もし彼らがわれわれに加えられたかもしれない侵害について、無関心なように見えるならば、われわれはすべての忍耐を失う。

（『道徳感情論』水田洋訳、岩波文庫）

たしかに、一般的には自分が喜んでいるときに共感してくれなくても、耐えられるが、自分が悲嘆にくれているときに共感してくれないと、はるかに耐えがたいと言えるであろう。葬式で愉快な顔をしているほうが、結婚式で憂鬱な顔をしているより、世間の眼は厳しいのである。

だが、まさにここから一歩を踏み出すと、善良な市民（＝みんな一緒主義者）と人間嫌いとの差異が拡大してくる。善良な市民とことさら言う必要もなく、現代日本のごく普通の人は、自分が苦境に陥っているとき、他人にその苦しみをわかってもらいたい。わからない人には激しい敵愾心《てきがいしん》を抱くか、そうでなくとも落胆する。だが、人間嫌いは、まさにこうした期待をみずからに厳しく禁じるのだ。

共感と同情

ここで、「共感」と「同情」との響きの差に注目する必要がある。同情とは、相手が苦しんでいる場合に限定された共感であり、ドイツ語では„Mitleid"という。文字通りの意味は

「共苦」であり、そう訳す学者もいる。ショーペンハウアーはこれを人間として最高の価値ある感情とみなし、それをニーチェが徹底的に破壊したことは哲学史の常識である。

ニーチェはなぜ「同情＝共苦」をあれほどまでに敵視したのか？　それは、キリスト教道徳の欺瞞性に対する敵視に方向づけられており、何よりそれが人間の自然な感情に逆らう欺瞞だからである。同情を期待する人は弱く、貧しく、醜い人である。彼は、だからこそ自分は同情を寄せられて当然だと考えている。その意味で、自分の弱さを、貧しさを、醜さを誇っている。つまり、彼は、強く、豊かで、美しい人に対して、自分に同情することを求め、そうでないと、強く、豊かで、美しい人を裁き、呪うのである。自分は、弱く、貧しく、醜いから善である。お前は、強く、豊かで、美しいから悪である。

ここに至って、座標系は完全に転倒させられた。同情とは、弱く、貧しく、醜い者の卑劣なルサンチマン構造に乗った共謀行為であり、よって同じく卑劣な行為であり、だからすべきでないことが導かれる。

だが、さらに掘り下げると、相手のためにも同情してはならないという結論が導かれる。同情する人は、相手の人格を尊敬していないからである。同情とは、相手の人格を自分と対等に見ることを捨て去り、まず相手を自分より下に見て、そのうえで相手に憐憫・慈愛を注ぐことである。これは、間接的な相手の蔑視である。

このことは、弱者がおのれの弱さを誇示しつづける現代日本においては常識かもしれない。シングルマザーに「たいへんでしょう?」と問いかけた瞬間、彼女は「同情されたくありません!」と叫ぶ。彼女は他人の援助を必要としている、喉から手が出るほど援助が欲しい。だからこそ、同情に潜む見下しの臭いをかぎつけるや否や拒絶反応を起こすのである。

四年前にＨＩＶ感染症で死んだ友人のＮ君は、末期になり、「ピア」というエイズ患者援助団体の人々がひとりで住んでいる自宅に訪れてくるたびに、面会を拒絶していた。ただ同情されたくない、というだけの理由によって。

このことを知っているがゆえに、現代日本では、同情する人は、同情に本来含まれている見下しの感情をひた隠しに隠さねばならない。自分のうちに見下しの姿勢を認めたら、平謝りに謝らなければならないのだ。

というわけで、（ニーチェの考察を深めて考えれば）同情は四重の非道徳的行為である。（1）同情を求める卑劣なルサンチマンとの共謀行為であるゆえに、（2）相手を見下しているゆえに、（3）それにもかかわらず見下していないと自分を欺くゆえに、そして（4）その結果、自分はよいことをしたと満足し自己愛を充たすことゆえに。

カントの「善意志」

とはいえ、眼前の苦しんでいる人を放置することが道徳的なのかと言えば、それも違うと答えざるをえない。ここでも、直観はいつも厳密な思考より正しい。井戸に落ち込んだ子を思わず、すなわちいかなる計らいもなく助けようとの「惻隠《そくいん》の情」は、やはりわれわれの直観に適合した道徳的態度なのである。これは、カントが「善意志（ein guter Wille)」と呼んだものに、ほぼ呼応する。

善意志は、それが引き起こし成し遂げたものによって善なのではなく、また設定された目的達成の能力をもつから善なのではない。善意志は意志することによってのみ、言いかえれば、それ自体として善なのである。（『人倫の形而上学の基礎づけ』拙訳）

こうした善意志は、その子を救わないと評判を落とすと考えたり、救わないと不快な気持ちが残ると思ったりすると、たちまち濁ってくる。じつに、救うとその子の両親に感謝されるという思いがふと脳裏をよぎってさえ、不純な動機を形づくるのだ。

ここで、われわれは壁にぶつかる。不純な動機を微塵も含まず人を助けるとは、あの『ベニスの商人』における「肉一ポンドを切り取っていいが一滴も血を流してはならない」という判決と同様、どだい無理な話である。

こういう苦境に立たされた私の現在の突破策は、次のものである。まず、誰かに対して同情を覚えたとしても、ごまかさずに自分の心を探れば、かならずそのうちに見下しの感情を、傲慢の臭いをかぎつけるであろう。（多くの場合）それでも助けるべきだと思う。その場合、自分の不純な動機を確認しつつ、その醜さを責めつつ、痛みをもって助けるべきである。自分のうちにあまりにも自己愛の強さを見てしまい、耐えがたくなったら、助けることを拒否するかもしれない。だが、それでいいというわけではない。やはり、その結果何もしてやれなかった自分を責めるべきであろう。

第三の道がある。先に引用したラ・ロシュフコーの言葉を思い出してもらいたい。

しかし、私は同時に、同情は示すだけに留めて、心にそれを感ずることは注意深く避けられるべきだと考えている。

困っている人、苦しんでいる人を見かけたら、淡々とした気持ちで助け、さらりとその場から立ち去る。そして、自分が何をしたか「忘れてしまう」のである。こうした助ける者と助けられる者との関係が、最も気持ちのいい人間関係を取り結ぶと私は信じている。できれば、助けるときも、助けられるときも、こういう淡白な関係でいたい。だが、現実にはなかなか難しいことも事実である。

人間嫌いは、同情に関するすべてのメカニズムに精通している。他人からの同情、他人への同情をいかにすべきか、という途方もない難問の前に佇《たたず》み悩み苦しむ人、そしてその苦しさから逃れるために、他人一般とのかかわりを切り捨てようとさえ企《たくら》む人、これこそ人間嫌いなのである。苦しんでいる人を前に悩まない人は幸せである。苦しんでいる人を助け、無邪気に喜んでいる人は幸せである。そういう人を横目で胡散臭そうに見ながらあるいは助けながら、そのすべてをすなおに肯定できない人は不幸である。人間嫌いとはこうした不幸を選び取った人のことである。

他人との関係における自分が嫌いになる

私は、長くかつ頻繁に付き合っていると、誰でもかなり（ほとんどの場合、非常に）嫌いになるという、困った性向の持ち主である。その理由をずっと探っていたのだが、だんだんわかってきた。それはいくつかの要因から成っているが、結局は自他の感受性と信念に対する「誠実さの要求」が、私のうちで高すぎるからである。

まず、他人と長く密着した関係にあると、彼（女）は私が何らかの点で嫌いな面を晒すようになる。私が自分の感受性と信念に誠実であるためには、私はそれを嫌いと認めねばならない。だが、私は気に入らないという膨大な（非言語）サインを送りながらも、相手を配慮してはっきりそう言わないことがある。だが、相手はいっこうに気がついてくれない。これがたび重なると、私は相手の鈍感さを責め、自分の欺瞞性に嫌悪を覚えるようになる。これが容量を超えると、自分からは離れられないので、その人からえいっと離れたくなるというわけである。

理不尽は続く。私は他人におもねってしまう。心にもないことをしゃべってしまう。自分を悲劇の主人公に祭り上げてしまう。あるいは、徹底的に自虐的になり自分をピエロにして踊りつづける……。そして、あとでよくよく考えて、そのときの自分に激しい嫌悪を覚え、反射的にそこに同席していた人を嫌いになるのである。

とくに、何かの弾みで私が「心を開く」と、気難しそうだと思っていたが、案外「話のわかる」奴なのだなあと考え直して、にこにこ顔で私に近づいてくる御仁が一番苦手である。

そうではないにしても、私にとって耐えがたいのは、私の本を読み私に過度に興味を抱いて近づいてくる人々である。そのほとんどの人に私は興味がないので、しばらく我慢していても、こうした「不平等関係」が息苦しくなってくる。はじめ会って興味がなければ、あとで興味をもつことはまずないので、一瞬にして私は相手を裁いているわけであり、この裁きに関して私には責められるべきことはないはずなのに、自責の念もくすぶりつづけ、なんとも居心地が悪いのである。

人間とは残酷なもので、単に相手に飽きてしまうことも多い。それも、以前はそこが好きであった性格や気質が、突然まさにそこが嫌いになることも少なくない。私は人間が「変わる」ことをごまかしたくないので、それを相手に表明したくなる。だが、多くの場合それを表明することは相手を傷つけることを知っているので躊躇している。そのうち、依然として同じ関係を維持しようとする相手の鈍感さとそれを冷たく見ている自分に対する嫌悪感が募って、やはり我慢の限度を超えると相手から離れることになるのである。

もちろん、相手が私を突如嫌いになって、あるいはほとほと飽きて、切ることもある。だが、人間嫌いは人間をよく観察しているので、その理由がほとんどの場合よくわかる。また、いつでも自分が理不尽に切られることを予測しているので、そのぶん痛手は少ない。

私とて昔のことを懐かしく思わないことはない。だが、――これが大多数の人と違うところなのだが――、昔の仲間たちとそれを懐かしむことが好きではない。中高年の鈍重さと醜さを晒け出して「こんなことがあったなあ、あんなことがあったなあ」と笑い転げることが嫌いなのである。その和気あいあいとした雰囲気は共感ゲームで充たされ、大量の欺瞞が飛び交い、みなどこまでもよい気分でいたいという欲望がグロテスクなほど露出されていて、気持ちが悪いのだ。

だから、私はクラス会や同窓会には行かない（というか、その案内状すら来なくなったので問題はないが）。一度私から離れていった人に私は二度と会うことはない。かつて多少親しくしていた誰にも、もはや死ぬまで会いたくない、小学校から大学までの同級生でいま付き合っている人は皆無である。

私にとって、他人との関係は基本的にこうした構造をしている。

他人の信念を侵害しない

各人の感受性の差異性にも増して尊重すべきは、信念の差異性である。信念とは英語では信仰と同じ言葉（belief）であることからもわかる通り、その典型は信仰であって、各人は他人の信仰を尊重しなければならない。でも、現代日本では、ごりごりの宗教信者は絶対的少数派であろうから、ここでは、もっと一般的に各人が「大切に思っていること」くらいにしておこう。

人間嫌いは、きまって集団行動嫌悪者であるから、自分の趣味に合った社会を思い描くことはできても、それを実現する社会運動を開始するという発想には至らない。人間嫌いは、「みんな一緒主義者」が嫌いであるが、それは、彼が自分に害を与えるかぎりであって、彼が自分とは対極的な信念のもとに生き抜き「ああ、これでよかったのだ」と呟いて死んでいっても、まったくかまわない。彼を「改心」させようという野望など微塵も抱いていないからである。

人間はおそるべく多様であるから、おそるべく多様な信念をもっており、その中にはどうしても反感を抱いてしまう信念もある。私の場合、できれば十メートル以内に近づかないでもらいたいのは、みんな一緒主義者のほか、もう一種ある。それは、知的向上心のまったくない者、しかもそれを全然恥じていない者、さらに知的向上心のある人を軽蔑さえする者である。正真正銘のオルテガの言う「大衆」である。大衆はみんな一緒主義者より広い範囲に広がっている。すなわち、大衆はすべてみんな一緒主義者であるが、みんな一緒主義者の中には、わずかではあるが、――温厚で紳士的な学者の例を思い浮かべればわかる通り――知的向上心の旺盛な者もいる。

オルテガによる大衆の定義は、心憎いほど的を射ている。

> 大衆とは、善い意味でも悪い意味でも、自分自身に特殊な価値を認めようとはせず、自分は「すべての人」と同じであると感じ、そのことに苦痛を覚えるどころか、ほかの人々と同一であることに喜びを見出しているすべての人のことである。
>
> （『大衆の反逆』神吉敬三訳、ちくま学芸文庫）

> （大衆とは）自分に対して、何らの特別な要求をもたない人々、生きるということが自分の既存の姿の瞬間的連続以外の何ものでもなく、したがって、自己完成への努力をしない人々、つまり風のまにまに漂う浮標のような人々である。
>
> （同書、同訳）

こうした大衆は、知的に徹底的に怠惰であるから、何ごとにおいても、「わかりやすいこと」を求める。「わかりやすい」とは、何の努力もしないでわかるということ、書物なら寝っ転がって読んでもわかるということである。彼らにとっては、わかりにくい書物は全面的に著者が悪いのだ。

……今日の著述家は、自分が長年にわたって研究してきたテーマについて論文を書こうとしてペンを取るときには、そうした問題に一度も関心をもったことのない凡庸な読者がもしその論文を読むとすれば、それは論文から何かを学ぼうという目的からではなく、じつはまったくその逆に、自分がもっている平俗な知識と一致しない場合に、その論文を断罪せんがために読むのだ、ということを銘記すべきである。（同書、同訳）

オルテガはこう言っているが、専門の学術論文の場合には、いまなお当てはまらない。だが、一般書の場合、編集者たちはこぞって著述家に「わかりやすさ」を求める。一般書を書きはじめたさい、学者なら誰でも担当編集者の「わかりやすく、もっとわかりやすく、さらにわかりやすく」という強迫現象のような要求にうんざりした思いがあるだろう。哲学入門書でさえ、思いっきりわかりやすくなければならない。だが、努力しないでもわかってしまう哲学入門書は、「哲学への」入門書ではない。哲学入門書を「自分がもっている平俗な知識と一致しない場合に断罪せんがために読む」大衆にもわかるように書くということは、嘘を書くことである。

それにしても、知的向上心の欠如を何一つ恥じるところなく露出する現代の風潮は、あきれはて、恐ろしくさえなる。「おれ、難しいことはからっきし駄目だ！」とか「あたし頭悪いからわかんなーい！」と晴れ晴れとした顔で語る大衆たち。いや、この点に関しては、かなりの知的エリートも、われ先にと同じゲームを遂行する。エリートサラリーマンに向かって、デカルト、カント、ハイデガーなどの名前を出したとたん、「そういうの、まったくわからないですね」とにやにやして応答する。思いっきり反感を買う形で言ってみると、人生の根本問題をあっさり投げ捨て、日々の俗生活に埋没し、しかもそういう自分を軽くせせら笑って、それでいいと思っているのであろうか？

私は彼らが生き方として正しくないと言っているのではない。ただ、彼らが嫌いだと言っているのである。

故郷喪失者

人間嫌いは、あらゆる人間からの独立を目指すと同時に、あらゆる土地、風土、故郷からの独立を目指す。私もそうであるが、本質的にデラシネ（根無し草）なのだ。自分の故郷、自分の通った小学校、自分の学んだ大学などに強い郷愁を覚える者は、人間嫌いという生き方と両立しないであろう。そこには私の過去を知る膨大な数の普通の人間たちがいて、共感ゲームや「みんな一緒主義」の横溢《おういつ》する場だったはずだからである。

あとでも触れるが、藤沢周平において典型的だが、実直な人間同士の結びつきを求める作家は、ことごとく故郷賛美者である。故郷を賛美する人は、故郷の山河のみならず、それらと連続して自分の育った家庭を父母を賛美する。その故郷の味はそのまま母の手料理の味であり、故郷とは、その真ん中に自分の生まれ育った家がある世界の中心地なのだ。

私はどうしてもこうした感覚がわからない。

若い父が友達とディーゼルエンジンの会社を経営しようと意気込んでいたときに、移り住んだ九州の門司で私は生まれたが、生まれたところはもう跡形もない（その正確な住所はもはや知らない）。二年前に、じつに十五歳のときから四十三年ぶりに門司を訪れたが、生まれた土地を観たいとも思わなかった。その後、小学校に入る前に五度も引っ越しを重ね、大田区の馬込に移り住んだとき小学校に入学した。一年生の夏休み前に川崎市の中部に引っ越し、そこには大学二年の二十歳までいたが、その後、相模大野に移り住み、二十六歳のときに鎌倉に移った。三十三歳でウィーンに飛び、四年半滞在したウィーンでも家を三回かわり、帰国してからは世田谷に住み二十五年になるが、それとて家を四回かわっている。

九州とは、私にとって生まれた土地という以外何の意味もなく、実際に少年時代を過ごしたのは川崎であるが、田んぼと工場と小住宅の立ち並ぶ何の変哲もないその土地は「故郷」という名にはほど遠い。東京の郊外、例えば、所沢、座間、八王子、流山、我孫子、市原などで少年時代を過ごした者は、東京人でもなければ、といって地方人でもない「どっちつかず」を日々感じていることであろう。二十六歳を過ぎて移り住んだ鎌倉は、「鎌倉」とは名ばかりで山を崩してできた造成地であり、何の愛着も呼び起こさない。むしろ、行政区としては鎌倉でありながら、まったく鎌倉らしくなかったから、「鎌倉に住んでいる」とは言いにくかった。もちろんウィーンとて同じであり、哲学のドクター号を取得し、結婚もし、息子も授かり、とにかく、人生に新たな展望の開けた土地であるから思い入れはかなりあるが、それでも地上から消えてしまっても耐えられるであろう。帰国後二十五年も住んでいる世田谷は、単なる「現在地」以上のものではない。

とりわけ外国という運命共同体にあって、しかも全国から人が集まっているウィーン日本人学校では（私はそこで非常勤講師を四年務めた）、みな故郷の話に花を咲かせる。ほかの先生方は私が九州で生まれたと言うと、たちまち九州人という枠で見ようとし、「九州男児」というレッテルを貼ろうとする。「ほとんど関係ありません」といくら叫んでもわかってくれないのだ。大学の友達にも、土佐はいいよ、熊本は最高だよ、と眼を輝かせて自分の故郷を語る者がいた。その後そういう土地を訪れてみたが、何の感動もなかった。彼らは、土佐や熊本は自分にとっては故郷だからかけがえのない土地なのであって、そうでない者にとってはただの平凡な地方都市にすぎないということがわからない、まったくのアホである。

こういう生い立ちによるのであろう、私はかつて住んだ土地に対する愛着がまったくない。たとえいままで住んだ土地がすべて壊滅しても、私はほかの土地を探して住むであろうし、そこでまずまずの生活を送るであろう（わが国には、京都や山陰や信州など住みたい土地が山ほどある）。祖国日本が地上から消失したとしても、とくに困ることはないであろう（ウィーンのみならず、ドイツ語圏のみならず、ヨーロッパなら、ポルトガルにも、イタリアにも、ベルギーにも、オランダにも住める気がする）。

3

ひとりでできる仕事を見つける

人間嫌いに見合った仕事

人間嫌い成立の原因を確認し、それに照らし合わせて自分が人間嫌いであることを確認したら、これを「直そう（治そう？）」とする必要はない。多くの場合、「直る」ことは不可能である。可能かもしれないが、その場合は恐ろしく厳しく、しかも虚しい人生が待ち構えている。ホモセクシャルの男がヘテロセクシャルの男を演じつづけるように、在日の男がほんとうの（？）日本人を演じつづけるように、犯罪者が犯行を隠して逃亡しつづけるように、人生の一瞬一瞬おさまりが悪く、くたびれ果て、不安を覚える。何より、自分が自分に対して「誠実ではない」という自己嫌悪感に充たされる。

こうしてまで人間嫌いを直す必要はない。豊かで充実した、さらに自由で納得した人生を送ろうとするなら、直す必要はさらさらないのである。だが、その場合、いたるところから偏見の波が押し寄せてくるので、生きていくためにさしあたり重要なことは、人間嫌いに見合った仕事を見つけることである。とはいえ、これがなかなか見つからない。ありとあらゆる組織は、人間嫌いを排斥する。組織の中に人間嫌いが混じっていると、「やりにくい」からであり、他人（すなわち人間嫌いでない者）に絶大な迷惑をかけるからである。だから、選ぶとしても、なるべくひとりでいられる職業しかない。

その典型は（職人を含めた）芸術家であろう。だが、ひとりで勝手に油絵を描き、ピアノを弾き、小説を書いても、それだけでは芸術家ではない。少なくとも職業としての芸術家は、表現活動によって対価（金）を得ることができねばならない。人間嫌いを排斥する世の中とこの一点で結びついていなければならない。すると、その作品（演奏）が世の中に認められねばならないはずだが、それには才能（としか言いようのないもの）が必要であり、そのうえたえず偶然（としか言いようのないもの）に翻弄《ほんろう》される。しかも、この両者がどう働いているか、いやどう「ある」かすらよくわからないのだ。

私が芸術家になるための方法を教えることはできない。だが、二十年近く物を書いて対価を得ている身から、物書きになるための方法なら少しは語れるかもしれない。

まず、あたりまえのことだが、「書くこと」がなければならない。書かねば生きていけない、生きていけるけれどいかにも虚しい、というほどのテーマがなければならない。ジャン＝ポール・サルトルは言っている。

人は、ある物事を言うことを選んだから作家なのではなく、その物事をある仕方で言うことを選んだから作家なのである。

（「文学とは何か」『シチュアシオンⅡ』加藤周一訳、人文書院）

作家たるもの、固有の文体をもたねばならないことはもちろんである。だが、書くことがなくて、何の文体であろう。もともと書くことがないのに、文章だけは凝ったつまらない小説が跋扈《ばっこ》している世の中である。

私は一度朝日カルチャーセンターの「小説の書き方」という講座の受講者連中と呑んだことがあるが、驚いたことに「いま、書くテーマが見つからなくて」と語る作家志望が少なからずいたことである。それなら、書かなければいいのだ。小説家とは、書かなければいられない人のことであり、書かなければ（他の何が与えられても）生きることのできない人のことである。書くテーマが腐るようにあるから物書きになるのだ。多くの人に読んでもらいたいからこそ、多くの人に伝えたいからこそ、死に物狂いで最も効果的な文章を練り上げるのである。

私はいかにして物書きになったか

私は作家としてはずいぶんオクテで、四十代の半ばまで書こうとはしなかった。ウィーンでヨーロッパ人からさまざまな不当な仕打ちを受け、これだけは書いておかねばという気持ちになった。どくどくと血が流れるように、私の体内には書きたいことがうごめいていた。それを吐き出さねば、苦しくてこれから生きていけないと思われたほど。これだけは、わが同胞すべてに知らせたいと思った。これを知らせずには死ねないとさえ思った。こうして書いたものが、（一般書としては）処女作である『ウィーン愛憎』（中公新書）である。

妄想だったのかもしれない。自己過信だったのかもしれない。だが、私はそれを書いたことにより、またある程度の反響を得たことにより、生きることがずいぶん楽になった。だが、私はそれ以上一般書を書きつづけようとはしなかった。私の専門は哲学であるから、そこで勝負しそこで認められたかった。その五年後『哲学の教科書』（講談社）を刊行したとき、私はカント研究のような哲学研究に基本的な疑問を抱いており、哲学への私固有の思いをぶつけることに新たな方向を探った。それは『ソフィーの世界』（日本放送出版協会）によって火がつけられた「哲学ブーム」という軽薄な掛け声のもとに煽《あお》り立てられ、私はこのときから意図的に書くことに生活の重心を移していった。いまから十二年前のことである。

書くことは生活全体に不思議な効果を及ぼす。生活のすべては、ただ書くことという観点から再編成される。生きるために書くのではなく、書くために生きるようになる。ふたたびサルトル。

創造的行為の目的は、若干の対象を創り出すことによって、あるいはふたたび創り出すことによって、世界の全体をあらためてわがものとすることである。（同書、同訳）

「私の世界」がすなわち「世界の全体」であるという、この目くるめくような醍醐味を知った者は、他のことに眼が行くことはない。まさに、二つ目の禁断の木の実を食べてしまったのである。私の場合は、書くテーマに不足はなかった。すべて自分が感じていること、自分が信じていること、自分が考えていることを書くのだ、とはじめから決めていた。子供のころから、誰に語ってもわかってもらえなかったこと、語る気力さえないほど拒否されていたこと、こうした五十年以上に及ぶ「うらみつらみ」を正確に綿密に書き出すのだ。

それはかずかずあるが、とくに小学生のころから「明るく希望をもって生きる」ことを強制されたことである。私は、小学校一年生のとき自分が死ぬことをからだの底から確信すると、その残酷さに脂汗の出るほどの恐怖を覚え、しかも明日死ぬかもしれないのだと思うと、

「明るく希望をもって生きること」はどだい不可能であると確信した。だが、そういうことを言ってはならないことも知っていた。大人になっても、誰もがあたかも死なないかのようなそぶりをし、死んでもなんともないような顔をして生きている。それは恐ろしく不可解であり、私には根本的に違和感があった。

書くという仕事が与えられたとき、自分にとって書かねばならないこと、書かねば生きていけないことは、この違和感をおいてほかはなく、それは次のカリギュラ（すなわちカミュ）の呟きに集約されている（ト書きに「顔を背け、特徴のない声で」とある）。

人間はすべて死ぬ、だから人間は誰も幸せではない。

（アルベール・カミュ『カリギュラ』渡辺守章訳、新潮文庫）

この一行のもつ恐ろしさ、理不尽さ、やりきれなさが、私を七歳のころから引きずり回し、ため息をつかせ、肩を落とさせたのだ。

私が死ぬということ

カリギュラの言葉における「人間」を「私」に入れ替えてみよう。

私は死ぬ、だから私は幸せではない。

私は、五十年以上こう呟きながら生きてきた。その棘《とげ》をからだ深くまで差し込み、同時に周囲に棲息している「死ぬこと」にまっすぐ眼を向けない人々とのずれを大切にしていこうと思った。明日死ぬかもしれないのに、そして、やがてみんな死んでしまうのに、「みんなでがんばって生きよう！」と叫びつづける人々に対して、「でも、どうせ死んでしまう！」という冷水を浴びせつづけること、それが書く理由となった。こうして、「私は死ぬ、だから私は幸せではない」と語りつづけることと同時に善人批判が開始されたのである。

そう自覚して二冊、三冊と書きつづけているうちに、さまざまな編集者が私の書くテーマに興味をもってくれ、彼らに支えられて、人工衛星が地球の重力によって落下せず軌道に乗るように、定期的に書いていけるようになった。

三島由紀夫は次のように言う。

私とて、作家にとっては、弱点だけが最大の強みとなることぐらい知っている。しかし弱点をそのまま強みへもってゆこうとする操作は、私には自己欺瞞に思われる。

（『小説家の休暇』新潮文庫）

「自己欺瞞」という意味が鮮明ではないが、この直後に「太宰のもっていた性格的欠陥は、少なくともその半分が、冷水摩擦や器械体操や規則的な生活で治される筈だった。生活で解決すべきことに芸術を煩わしてはならないのだ」とあることから、三島は太宰のような「地上の空気では生きにくい」男を断罪しているように思われる。たしかに、私にも太宰と同じようなところがある。いや、三島は自分のうちにうごめく太宰的なものを無性に恐れていたからこそ、みずからに向かってこう語ったのにちがいない。だが、生きにくいことが死の恐怖にがっしり支えられている場合、冷水摩擦や器械体操によって「治される」ことはけっしてないのだ。

しかも、私はまさにこの「死の恐怖」によって、生きる力を得ることができるというパラドクシカルな構造にも気づいたのである。いったん死の恐怖によって足腰が立たなくなるほど痛めつけられた者は、人生における他の苦しみなどなんともなくなる。だから、私が書きつづけるためには、すなわち真に生きつづけるためには、死の恐怖をいつも生々しく感じつづけなければならないのだ。

だが、「私は死ぬ、だから私は幸せではない」という一行にしがみついて生きるというのは、まあなんと辛いことであろう。この一行のみが、私を救ってくれることはわかっているが、それと四六時中鼻突き合わせて暮らすというのは、全身からため息の出るほどしんどいものである。目覚めたとたんに「私は死ぬのだ」と思う。寝入るときにも「私は死ぬのだ」と思う。信号を待っているときも、ホームの階段を降りるときも「私は死ぬのだ」と思う。思わず怒鳴っていても、いい気持ちで酔っていても「私は死ぬのだ」と思う。こう思うことができないとき、私は——幸福になるかもしれないが——真の意味で生きることができなくなる、すなわち書けなくなることを知っているのだ。

だが、こういう「苦悩」が大多数の人（とくに普通人）の同情を呼ばないことも知っている。人はみな死ぬのに、だからそれはとりたててお前だけの不幸ではないのに、それを大仰に掲げて、不幸だ不幸だとわめき散らすのはもううんざりだ。世の中には、難病と闘っていたり、子供を殺されたり、祖国を失ったり……過酷な境遇に投げ込まれながら必死の思いで生きている人がいる。それに引きかえ、お前は、健康で職も家族もあり、すべてが与えられて、ただ「死ぬのが怖い」と呟いているだけではないか。なんと反吐《へど》が出るほど贅沢な悩みであろうか……、というわけである。

こういう批判の石つぶては、もう数えられないほど身に受けてきた。一方では、たしかにそうだと思う。だが他方、こうした批判は自分が死ぬことに脂汗が出るほど恐怖を覚えない人（たしかに多くいるらしい）の鈍感さを露呈しているだけである。

「おたく」はなぜ軽蔑されるのか？

「おたく」や「ひきこもり」が社会問題となるのはなぜか？　ひとえに、彼らが社会的生産性に結びついていないからである。西洋型近代社会のエートスとして、働いていない者は認められない。二十一世紀日本において、おたくやひきこもりが、さらにはうつ病が蔓延するのは、この信念を誰も打ち砕けないからであろう。

さらに、おたくにはマイナスの性的イメージが（すなわち「童貞」とか「もてない男」とか「ブサ面・キモ面」といった性的弱者のイメージが）結びついてしまうが、これも西洋型近代社会の申し子。西洋型近代社会では、人間の価値の中核に性的価値が潜んでいるからである。西洋型近代社会における理想的な男とは「仕事ができて、女にもてる」と相場は決まっている。この二つのファクターがゼロであっては、あとは家柄であろうと、学力であろうと、健康であろうと、体力であろうと「優しさ」であろうと……何をもってきても駄目である。

これを言いかえれば、西洋型近代社会における男の理想像は身一つで戦うこと、そしてフェアプレイで勝つことである。とすると、仕事と性における勝者が崇められるのは当然である。こうした理想像が健在であるかぎり、おたくに大きくマイナスの価値が付与されるのも当然であろう。彼は、人生の開始にあたって、仕事を求める戦いと女を求める戦いにおいて、白旗を揚げている。壮絶な戦いをして敗れた者なら、男らしいであろう。少なからぬ女たちは駆け寄り、その痛々しい傷口に接吻するかもしれない。だが、彼は戦いそのものを拒みつづけている。はじめから負けた者として、不戦敗の者として自分を位置づけしている。しかも、そのことをからだの芯まで取り込んで、自嘲をしっかり弁《わきま》えてしたたかに生きつづけようとしている。

生活の仕方において、考え方において、たとえおたくの条件を一〇〇パーセント充たしていようと、その作品が社会的に評価されれば、専門家とみなされる。アニメ作家や漫画家などはおたくと紙一重であり、またありとあらゆる科学者や技術者もおたくと区別のつかないほど似ているが、おたくと画然と区別されるのは、その固有の趣味が職業と結びつき、そうでなくとも商品価値があるとみなされ、そうでなくともその可能性に対して社会的場（大学、研究所など）が提供されているからである。

同じことは、ひきこもりについても言える。作家や芸術家はひきこもりと見分けのつかない生活パタンを実行しているが、ひきこもりという名で括《くく》られる存在ではない。吉本隆明が自分もひきこもりだと言ったのは、その核心的意味を（意図的に？）見逃している軽薄な発言である。ひきこもりは、社会的生産性と結びつくいかなる手段ももたないからこそひきこもりなのだ。自分の部屋にひきこもって膨大な作品（油絵、小説、漫画）を仕上げ、それが社会的に評価され、それで生活できれば、ひきこもりではない。

たしかに、遺産生活者（あるいはそれに準ずる者）という身であって、その作品によって金を稼ぐ必要のまったくない芸術家や哲学者もいる。先に挙げたジッドは、六十五歳にして次のように語っている。

これまで、ただの一度も額に汗してパンを得たことはなかった、ただの一度だって窮乏の中で働いたことはなかった、という劣等感を私は今日深刻に感じ、苦痛を覚える。だが、私は仕事に対して大きな愛情をもっていた……。

（『ジッドの日記』Ⅳ、新庄嘉章訳、日本図書センター）

ショーペンハウアーもボードレールもプルーストもそうであった。わが国でも志賀直哉、武者小路実篤、有島武郎など白樺派の連中の多くはそうであった。彼らはたしかに恵まれていたが、だが、こういう恵まれた環境にもかかわらず、彼らが趣味に留まらず、社会に通用する優れた作品を残したことは立派である。

フリーターという生き方

ほとんどの人は、才能と偶然が後押ししてくれないかぎり、文字通りひとりでできる職業を手に入れることはできない。何らかの組織に属さなければならない。さまざまな仕方でトライしたものの、ひとりでできるいかなる仕事も見出せないとき、生き抜くためには何らかの組織に入らざるをえない。これを拒否しつづける生き方もある。永遠の準備期間であると自分に言い聞かせて、いわゆるフリーターの道を歩むことである。これも、うまくいけば自分の信念にそった快適な生き方におさまることもある。

例えば、大学の常勤（専任講師や準教授）にはなれなくとも、非常勤講師をいくつか掛けもち、学会に所属して論文を書きつづけ、プロ集団からも認知される。その傍らで、翻訳をしたり、予備校や塾で講師をしたりして生活費を稼ぐ。最近は非常勤講師を何年勤めても常勤への道が開かれないことが多く、こういう勤務形態を目標とすることも非現実的ではない。彼らがとにかくプライドをもって生きていけるのは、生活は苦しいが、プロ集団から認められているからである。

私自身、三十三歳でウィーンに飛ぶ前、まさにこういう人生設計を立てていた。当時はいくつかの予備校と塾で受験英語を教えて生活費の大部分を稼いでいたが、そのほか東海大学でドイツ語の非常勤講師をしており、日本哲学会と（東大哲学科の同窓会である）哲学会それにカント協会と科学基礎論学会に所属し、それら学会で発表し、学会誌に論文を発表し、さらに通信教育によりドイツ語翻訳士補の資格も取った。さらに、将来外国人に日本語を教えようと、当時はじめて朝日カルチャーセンターに開設された日本語教師になるための講座も受けたのである。

大きく網を張り、その網の中に雑魚《ざこ》でも入っていればいいと思っていた。結婚することとなど考えられず、このままひとりでプライドを失わずに生きていければいい。「すべてになるためには何にもなってはならない」というサルトルの言葉を座右の銘にして。

ウィーンに私費留学したのも、本場でドイツ語を懸命に学んで、大学のドイツ語非常勤講師、ドイツ語翻訳、ドイツ語通訳などにより、ドイツ語で生活できたらという動機からであった。だから、留学期間には、一年半という期限をつけていた。哲学は、自分が納得できる形でゆっくりやっていけばいい。そして、いつか（十年後でも、二十年後でも）優れた哲学書を刊行すればいい。これが、当時の私の人生設計であった。いま振り返っても、これがそのまま実現されれば、そんなに悪い人生ではないように思う。

ルージン

ツルゲーネフに『ルージン』という小説がある。ルージンという名の三十代半ばの男がある地方の社交界に現われる。彼は、その博識と絶妙な弁舌とエスプリの効いた談話術によって、たちまちそこにいたすべての人を魅了する。

とりわけ、社交界を主宰していたダーリア夫人は、もう夢中である。ハイティーンの娘ナターリアも、彼女に思いを寄せる男を知りながら彼をそっちのけでルージンを熱っぽく眺める。だが、二度三度とダーリア夫人の宴会が重なるにつれ、なぜか人々の気持ちはルージンから離れていく。最初に登場したときのあの勇姿は何だったのであろう？　あのソクラテス顔負けの弁論術は何だったのか？　やがて、ルージンはナターリアに結婚を申し込むが、それを知ったダーリア夫人はその「身のほど知らず」に激怒する。ナターリアは勘当されてもルージンについていくと告白するが、ルージンはそれを断りその地方を去る。

ダーリア夫人の社交界でルージンを冷静に見ていたレジネフ（彼はドイツでルージンと学生生活を一緒に送ったことがある）が次第にルージンの過去を人々に語り出す。どこに行っても、はじめルージンはあっという間に人々の心を捉えるのだが、たちまちすべての人が彼から離れていき、その後誰も彼をよく言う人はいない、というのだ。ルージンには特別の教養があるわけでもなく、専門として通用するものは何一つない。ただ、表面的な機知と如才なさで一瞬人々を魅了するだけなのだ。だから、彼はいろいろなことに手を出したが、何をしても成功しない……。

この後ずっと経ってから、レジネフはルージンとばったり出会う。ルージンはそれこそ惨めな敗残者という外見であった。彼は、その後の人生で何をしてもうまくいかなかったことを語りつづけ、そして言うのだった。「この体裁というやつは、たしかにぼくを破滅させたよ、こいつに食い殺されたんだ、が、ぼくは最後までこれから離れられなかった」（中村融訳、岩波文庫）。やがて、彼はパリの一八四八年の革命において、狙撃されて死んだ。

私は「何ごともじっくり努力しなければ成し遂げられない」という坊さんの日曜講和のような処世訓を語りたいわけではない。ルージンはいたるところにいる。とくに学者や芸術家の住む領域には少なからず観察することができる。さらに、頭がよくて「体裁」を好む高校生や大学生（ただし男子）はみなルージンと言っていいほどである。才気をほとばしらせて、周囲の者を手当たり次第に馬鹿にし、すでに名を揚げた者をこき下ろし、「誰もわかっていない」と呟く。

ずっと昔、ウィーンで若い作曲家に会った。彼はベルリンで修業中であったが、現代日本で活躍中の名だたる作曲家を手当たり次第にこき下ろした。私が芥川也寸志《やすし》とか黛敏郎という名前を挙げると、もう耐えられないというふうに「やめてくれー！」と叫んで座布団で頭を隠した。その後、作曲家としての彼の名前は聞かない。

こういう姿勢は二十代まで、せいぜい三十代の前半くらいまでは、どうにか通用する。周囲の者も、もしかしたら不遇の天才かもしれないと思い込む。だが、それをずっと続けると、——悲壮なことに——彼は正真正銘のルージンとして人々からそっぽを向かれる運命にある。

だから、しっかり地道な努力をせよと説教したいわけではない。世の中は、二十歳の男には寛大であっても四十歳の男には寛大でないということを知っておけば、それでいいのだ。

われわれのルージンが登場したのは、まさに三十代半ばであった。そろそろ世間の者が胡散臭く思う歳であり、人々は感嘆しつつも、天才ならとっくの昔に名を成していたはずだ、それほどの学識を有しているのならもうどこかで認められているはずだ……という、こみ上げてくる思いを打ち消しながら、ルージンの話に耳を傾けている。ツルゲーネフはそういう雰囲気をたくみに描き出している。

ルージンとして生き、そして死ぬこともまた一つの美学である。だが、あなたがそうはなりたくないと思うのなら、仕事を通して自分の思想・信念・美学を表現しなければならない。

好きなことを仕事にする辛さ

だが、たとえ好きなことを仕事にするチャンスに恵まれたとしても、あなたは直ちに幸福になるわけではない。たしかに、何か手応えのあることを創造すること、それ自体は幸福な営みである。だが、それはとても「高くつく」ことも知らねばならない。真摯《しんし》に努力すればするほど、自分が選び取ったはずの仕事が自分の肩に食い込む重みに悲鳴を上げる。あのゲーテでさえ、エッカーマンに次のように語っている。

人々はいつも私をとくに幸福に恵まれた者として賞賛します。これに私は文句をつけるつもりもありませんし、私のたどってきた人生行路を悪しざまに言おうとも思いません。けれども、私の人生は基本的には苦心と苦労のほかにはありませんでした。いままでの七十五年を通じて、ほんとうにくつろいだのは四週間もなかったのです。

（『ゲーテとの対話』拙訳）

さらに、どんな作家でも――誠実であろうとするなら――生涯の最期まで自分の才能に疑問を抱くはずである。二十世紀前半のフランス文壇にあって尊敬を一手に集め、知性と良識の象徴的存在であったジッドは（五十二歳のとき）こう語っている。

たしかに私は作家などより博物学者か医者かあるいはピアニスト（演奏家）になるほうが楽だったと思う。――だが、この作家という職業のほうにこそ私はより多面的な能力を注ぎ込むことができるのだ。ほかの職業はもっと閉鎖的なものだったにちがいない。だが、この作家という職業にはあらんかぎりの意志を集中しなければならぬ。――なぜなら、私はこの職業にはほかの職業におけるほど天賦の才能に恵まれていないから（その証拠には、これだけのこともなかなかうまく言えない）。（『ジッドの日記』I、前掲訳）

さらに興味深いのは、彼の四十歳のときの告白である。

もし今日私が死んだら、私の全作品は『狭き門』の後ろに隠れてしまうだろう。そして、後代の人々は、もはやこの作品しか問題にしないであろう。（同書、同訳）

作家になるとは、その作品がやがて誰も読まなくなることを覚悟することである。生きているときでさえ、ほとんどの作家の作品はごく少数の愛好家にしか読まれない。例外的に有名な作家の作品でさえ、あっという間に忘れ去られる。

坪内逍遙、高山樗牛《ちょぎゅう》、長与善郎、正宗白鳥、徳冨蘆花、国木田独歩、幸田露伴、久米正雄、尾崎士郎、広津和郎、宇野浩二、上林暁、瀧井孝作、里見弴《とん》、亀井勝一郎、椎名麟三、

島木健作、野間宏、小島信夫、徳田秋聲、尾崎一雄、中野重治、徳永直、石川淳、宮本百合子、平林たいこ、佐多稲子、今東光、中勘助、伊藤整、阿部知二、阿部次郎、中里恒子、吉屋信子、舟橋聖一、高見順、丹羽文雄。目下のところ、新潮文庫では、これら日本文学史に残る錚々《そうそう》たる顔ぶれの作品は絶版である（あるいは、はじめから入っていない）。

たとえ絶版でなくても、現代日本において、二葉亭四迷、田山花袋、小林多喜二、長塚節、倉田百三、永井龍男、武者小路実篤、有島武郎、大岡昇平、伊藤左千夫、武田泰淳、中島敦、福永武彦、横光利一、室生犀星、山本有三、佐藤春夫を読む青年がどれだけいるであろうか？　昭和四十年～五十年代に青年であったわれわれが競って読んだ、清岡卓行《たかゆき》、立原正秋、高橋和巳、大庭みな子、倉橋由美子、山本道子、野坂昭如、戸川昌子、深沢一郎、柴田翔、中井英夫、石川達三、吉田智子、有吉佐和子、小川国夫、庄司薫ですら、すでに忘れられようとしている。

作家になること、それはいずれすべてが（その存在までもが）忘れ去られることである。坪内逍遙や幸田露伴でさえ、もう新潮文庫にはない。たった三～四十年前の流行作家でさえ、ほとんどが忘れられている。いまや、小林秀雄や曾野綾子ですら、知っている学生は少数派である。たとえ時代の寵児になったとしても、たちまちのうちに消えていく。まさにカゲロウのような存在であり、それでも自分が書くことそれ自体に意義を見出せなければ、とうていやっていける商売ではないのだ。

組織の中で「ひとり」を貫く

だが、作家や芸術家などの「個人経営」に乗れないとすると、あるいは書籍編集者や大学教師など、比較的「好きなこと」と両立する仕事にありつくこともできないとすると、あとは金儲けと割り切って組織に所属するしかない。そこで人間嫌いを貫くしかない。次に、その場合のルールを探求することにしよう。この場合も一般的に語ることは難しいが、いくつかの基本ルールはどんな組織においても成り立つように思われる。私自身のそしてさまざまなタイプの人間嫌いを観察してきた結果、組織の中で人間嫌いが（比較的）許されるのは、次の場合である。

（1）仕事ができること。
（2）勤勉であること。
（3）誠実であること。

順に見ていこう。どんな組織であっても、それには目的がある。それは、広い意味で利益を求める集団、テンニエスの言葉を使うと、ゲゼルシャフト（利益社会）である。その仕事が、ある観点から見て、いかに無意味でくだらないとしても、その組織に入ったら、仕事に熱心でなければならない。遊び半分ではいけない。成果を出さねばならない。

あなたがホストクラブに勤めたとしよう。そこで「みんな一緒主義」に呑み込まれたくないのなら、あなたはナンバーワンにならないまでも、指折りの人気ホストにならなければならない。あなたが、ソープランドに勤めたとしよう。そこで自由が欲しいのなら、あなたは行列のできるソープ嬢にならなければならない。あなたが組織の中で自分の信念を貫くには、仕事ができることが必須の条件であり最大の武器である。あなたが組織にとって真に必要な人になれば、組織はあなたに冷たく当たることはないであろう。

だが、それだけでは駄目である。あなたは勤勉でなければならない。規則を守り、約束を守り、自分に与えられた課題をしっかりやり遂げなければならない。仕事以外のことで拘束されたくないのなら、仕事において手を抜いてはならない。契約上の拘束（義務）にだけ縛られ、契約外拘束（義理）に縛られないためには、契約を厳守しなければならない。

だが、そうであっても、周囲から妬《ねた》みが湧き上がるかもしれない。いじめの標的にされるかもしれない。それはけっして根絶はできないが、あなたがそれでも誠実であれば、傲慢でなければ、あなたには比較的自由が与えられ、ひとりでいることさえ許されるであろう。

もっと地味な職業を考えてみよう。だが、銀行に勤めようが、鉄道会社に勤めようが、市役所に勤めようが、原則はやはり同じである。あなたは、無理にひょうきんになったり愛想笑いせずとも、仕事において抜かりがなく、勤勉であって、誠実であれば、——たとえみなとそれほど打ち解けなくとも——やがて理解者を、あなたの味方を得ることができるであろう。

架空の話をしているのではない。わずかな私自身の体験とさまざまな私のまわりの青年たちの体験を総合して、結論づけたのである。人間関係において躓《つまず》いているほとんどの青年たちは（私自身もそうであったが）、このことを実行していない。彼らは、たとえ仕事ができるとしても怠惰である。たとえ勤勉であるとしてもずるく傲慢である。この歳になって、つくづく実感することだが、どんな組織にあっても、以上の三条件を守っていれば、絶対に排斥されることはないのだ。あなたは、変人とみなされるかもしれない。付き合いにくい奴だと煙たがられるかもしれない。だが、やがて「ああいう奴がいてもいい」と好感をもって迎えられることは間違いない。

私は、二十三年間大学に勤務した。どうにか首がつながったのは、（1）から（3）を——たとえ実現できなくとも——実現しようと心がけてきたからである。

ウィーンに行く前には、いくつかの予備校で英語を教えていた。（2）は充たしていたが、肝心の（1）は駄目であった。私は大学に入るための最も効率的な知識を伝授するという予備校教師としての最低の条件を充たしていなかった。そして、どの大学の入学試験問題も即座に解けるというほど英語の学力もなかった。しかも私は（3）に関しても落第であった。ずるくはなかったが傲岸不遜であって、自分は予備校なんぞにはいるべきではないと思っていた。当然どこで教えても人気はなく、評判は悪かった。

だが、もう限界とばかりに予備校を辞してひとりウィーンに飛び、ふとした偶然で日本人学校の英語非常勤講師の職を得たとき、奇跡が起こったかのようにすべてが変貌したのである。私にとって、その職はウィーンでの生活の基盤を成し、ドクター論文を書くためになくてはならないものであった。この職で失敗したら、ドクター論文も書けず、何の将来の目標もなくウィーンに留まることもできず、といって日本に舞い戻って予備校教師に復帰することもできず（なら、なんでウィーンくんだりまで行ったのか？）、とするともう生きていけないではないか！　まさに背水の陣とはこのことだ。

だからこそ、私は予備校時代とは別人のように懸命に仕事に励んだ。私はやはり生徒たちと校庭で愉快に遊ぶことはできなかった。遠足に付き添うことも断りつづけた。だが、授業計画を綿密に練り、生徒一人ひとりの顔を見ながら熱心に教え、遅刻も欠席もせず、誠実に働いたように思う。その結果、自分の美学（わがまま？）を貫きながら、私は校長や同僚の教員のみならず父母にも評判のいい、さらに生徒にも人気のある先生になりえたのである。

「働くかたち」を探り当てた人々

とはいえ、人生そんなに紋切型に運ぶわけではないことくらい、私だってわかっている。私が、とりわけ恵まれていたことも事実である。純粋な庶民であって、十二年間も大学に在籍した後、四年間もの私費留学を許す親が、どこの世にいるであろう。しかも、将来のあてもない三十歳を過ぎた息子に月に二十万円も仕送りをするとは、とても正気とは思えない。また、単なる学生でありドクター論文も書いておらず、将来の見込みがまったく不確定な男、つまり何もない男と結婚し、三年間も養ってくれる女はそうざらにいるものではない。ウィーンで二回会っただけで「東大の助手にならないか？」と呼んでくれる教授も珍しい……こうした、普通では考えられないまったくの僥倖《ぎょうこう》によって、私はこれまで生きながらえてきたのだ。転落するたびにどこからか救いの手が伸びてきて、私を抱きとめてくれた。それはまったく私の努力とは別であり、不思議と言うほかはない。

私は、常に崖っぷちを歩いてきたからこそ、そして思いがけず多くの人に助けられて生きてきたからこそ、どんなに型破りの生き方があってもいいじゃないかと心から思う。一見、不安定に見える職業に就いていても、将来の見通しが立たないように見える状況に投げ込まれていても、その人固有の人生の「かたち」を描ききることはできると思っている。

この章の最後に、私がいままで会ったさまざまな人間嫌いたち、だが苦労してそれぞれの道を探り当てた面々を紹介することにしよう。

Mさんは、都立高校の歴史の教師であり、自分の時間が欲しいからと自発的に定時制に移った。油絵も描き、ときおりは銀座で個展を開くほどのプロである。また、歴史に関する著書も二冊ある。彼は六十歳の定年後、念願の哲学をするために千葉大学の大学院に入学した。

Aさんは四十代半ばであり、かつて高校の国語教師であったが、人間関係のもつれで数年前に辞めた。彼は学生時代からずっと演劇（演出）を続けており、カルチャーセンターで講師をすることもある。数年に一度産休の代用教員として勤め、それでお金をためて、またしばらくは無職という生活を送っている。

H君は、東工大の修士課程を出てみずほ銀行に入り、どこから見てもエリートであったが、銀行業に耐え切れず哲学をしたくなり、私のところに来た。昨年、東大の比較文学比較文化の大学院に合格、同時に（銀行勤めのときの実績が認められて）郷里に近いある大学の事務局長のような地位が与えられることになった。

S君は、私がこれまで会ったうち抜群の哲学的センスの持ち主だが（彼から哲学を取り上げると生きていけないのではないか、という感じを抱かせる）、哲学科の大学院には進まず紀伊國屋など大手の書店員をしながら、ひとりで哲学を続けている。

F君は慶応大学法学部を出た秀才で、予備校で小論文担当の講師をしているだけあって、どんな古典でも手際よく読み砕くことができ、ドイツ語を半年学んだだけでヘーゲルを読めるまでになった。一昨年、有名大学の哲学科教師たちを訪ねてみたが、自分の師となりうる人は皆無だと判断し、大学院には進まず家に籠って哲学書を読んでいる。

U君は両親が亡くなったあと、大田区のマンションにひとりで住んでいたが、その後郷里に戻り、ボウリング場で週に三日ほどバイトをしながら、それ以外の日は家に閉じ籠って、カント、キルケゴール、ドストエフスキー、カフカ、シモーヌ・ヴェイユなどをじつに丹念に読んでいる。その理解力はきわめて優れている。三十歳になるが、高校を出て二十五歳を過ぎてから（つまり「無用塾」に来てから）学問のおもしろさに目覚め、文学や哲学のみならず中学生用の参考書などを使ってまでして歴史や英語や国語や理科を勉強している。この前会ったら「自分はずっとこうして生きていければいいんです」と言っていた。

T君は美大を数校受けたが、すべて落ちた後、ずいぶん精神的に落ち込んだ。そこで、有名大学の哲学科に入ろうとしたが、これもすべて落ちた。さしあたり金を稼ぐために働こうとするのだが、どこに勤めても一週間ともたない。自暴自棄になり、二度ほど自殺未遂をした後、私のところで突然ドイツ語を熱心にやりだした。いま三十歳になるが、本人も驚くほどの上達で、将来はドイツの美術学校に入学したいと言う。

I君は「自分が死んでしまうこと」をどうしても受け容れられず、それを阻止するために一生を費やそうと考えている。信仰によってではなく、人間として永遠に生きつづけなければならない（例えば、さしあたりは冷凍人間になって科学がもっと進歩したら蘇生する）。そのためには、莫大な金が必要であるから、まず経済学を学び、東洋大学大学院の哲学科に進んだ。いま、修士論文を書き上げて、博士課程に進もうとしている。

N君はＩＣＵ高校を一年生のときに中退したあと、大学検定試験に受かったが、その後ホストクラブでホストをしたり銀座のクラブでボーイをしている。二十二歳だがたいへん頭のいい青年で、数年前にヴィトゲンシュタインの『論理哲学論考』を読んで、すべて恐ろしいようにわかったそうだ（これは錯覚だと思うが）。彼の関心は「意識」であり、これは科学（とくに脳科学）によって完全に解明できると予感している。世界のトップレベルの学者が結集すれば、そんなに遠くない未来に意識はすべて解明され、自由に操作でき、この身体から抜け出せるかもしれない。だが、この壮大なプランのためには莫大な金が必要であるから、その資金集めの方法を考えたり、そのためには脳科学以外にもさまざまな知識が必要であるから、数学や論理学なども総合的に勉強しようと意図している。

彼らに共通することが一つだけある。それは、（どんなに他人からは馬鹿げて見えようと）みずからの欲望にごまかしのないことである。「魂の美しさ」と言いかえてもいい。私は、彼らに勇気づけられる。果てしなく虚しい人生、彼らのような人が生きているだけで、私には生きる勇気が湧いてくるのである。

4

他人に何も期待しない

二種類の期待

兼好法師は言う。

萬《よろづ》の事はたのむべからず。おろかなる人は、ふかく物を頼（む）ゆゑに、うらみいかる事あり。

この世のほとんどの不幸は、他人に過剰に期待することに起因するのではないかと思う。他人に期待することがなければ、他人を恨むこともない。他人の賞賛を求めることもない。「期待」という言葉の意味する内容をここではっきりさせねばならない。期待には大きく分けて二種類あると思う。その一つは、契約履行や約束遵守を期待する場合、あるいは私の物を盗まない、私を刺さない、私の家に放火しないというような、社会的に禁止された行為をしないことを期待する場合であり、法的次元に位置するものと言えよう。そして、こうした期待の根底にはルールを守ることへの期待があり、その底にはある種の誠実さへの期待がある。

この場合の誠実さは、各人の内面に踏み込まず、ただ各人の行為の外形に限定される。契約を履行した者は、動機がどうであろうと、そのかぎり誠実とみなされるのである。契約不履行の者は、動機がどうであろうと、不誠実であるとみなされ、具体的に罰が下される。こうした法的場面で、各人がルールに従うことを、（人間嫌いである）私は――世の多くの人と同様――かなりの程度期待している。

本章でとくに取り上げたい期待とは、この種の期待ではない。それは、相手の好意に、思いやりに、優しさに期待することであり、道徳的次元に属すると言えよう。人間嫌いとは、この道徳的次元において、期待することを最小限度に留めるべきだと考える者であり、それゆえ、これを最大限度まで拡大すべきだと考える世の善人たちとは基本的に相容れない。

カントは法的次元における前者の義務を、それを実行しても賞賛されることはないが、それに反すると非難される義務として「完全義務」と呼んだ。これに対して、道徳的次元における後者の義務を、それを実行すると賞賛され、それをしなくとも非難されない義務として「不完全義務」と呼んだ。契約を履行しても賞賛されないが、不履行だと非難される。溺れそうな子供を助けたら賞賛されるが、助けなくても非難されない。

この区別を使うと、人間嫌いは、完全義務に対する期待においては普通人とさほど変わりないが、不完全義務に対する期待において、普通人からはっきりずれると言っていいであろう。人間嫌いは、他人から親切や好意や好意的評価や思いやりなどを期待したくなく、また他人にも、自分から親切や好意や好意的評価や思いやりなどを期待してほしくない。人間関係においてくたびれ果てないためには、互いにこうした期待は最小限に留めたほうがいい。こう心底考えている。

漱石の言う「高等遊民」もまた人間嫌いなのであるが（自己優位型）、やはり他人に何も期待しないという態度に貫かれている。『彼岸過迄』より、漱石を髣髴《ほうふつ》とさせる高等遊民である松本の言葉。

田口が好んで人に会うのは何故だと云って御覧。田口は世の中に求める所のある人だからです。つまり僕のような高等遊民ではないからです。いくら他の感情を害したって、困りゃしないという余裕がないからです。

（新潮文庫）

これを逆に読めば、高等遊民である松本は、「いくら他の感情を害したって、困りゃしないという余裕が」あるからこそ、「世の中に求める所がない」、すなわち他人に何も期待しないわけである。

信頼と誠実さ

なぜ、われわれは他人に期待するのか？　その人を信頼しているからである。だが、「信頼」の場合も――「期待」の場合と同様――あらかじめ二つの種類に分別する必要があろう。

その一つは、走行中に扉を開けることはないという電車の車掌に対する信頼であり、髭を剃るとき私の首を刺すことはないという床屋に対する信頼であり、毒入りのコーヒーを入れることはないという喫茶店のボーイに対する信頼である。こうした信頼は、社会生活にはなくてならぬものであり、社会が複雑になればなるほど、信頼度は増してくる。いちいち点検してから電車に乗るのでは、いちいち毒見をしてからコーヒーを飲むのでは、恐ろしく能率が低下し、近代社会は成立しなくなるからである。ニコラス・ルーマンはこれを信頼による「縮減（reduction）」と名づけている（『信頼』勁草書房）。

人間嫌いとて、この意味での信頼に異議を唱えるわけではない。先に見た法的期待に倣ってこれを「法的信頼」と呼ぶとすれば、人間嫌いは法的信頼に関してはまったく一般人と同じ態度を示す。

人間嫌いが警戒する信頼は、これとは別に私的な個人間に張りめぐらされている信頼（これを法的信頼に対して「道徳的信頼」と呼ぼう）、それ自体として強制力はないものの、いざその関係に入るや個人を身動きできないほど縛りつける信頼である。

人間嫌いは、こうした道徳的信頼をはなはだ警戒する。他人に縛られないため他人を過度に信頼してはならないことを腹の底から弁えているからである。このことは、人間嫌いが過剰に誠実さを求めることと矛盾するように見えるが、そうではない。誠実さと一致する信頼もあるが、じつはおうおうにして一致せず、両立さえしない場合もあるのだ。

道徳的信頼とは、相手の人間に対する全幅の信頼であって、相手の個々の行為をそのつど信頼することではない。相手は信頼の置ける男だから、彼のあらゆる行為は信頼が置ける。彼のあらゆる行為は信頼の置ける彼からそのまま流出してくるのだから、それらが信頼の置けるものであることは自明なのである。

だからこそ、われわれは誰かを深く信頼していると、彼が信頼を裏切る行為に出たとしても、それが絶対に確かであることがわかるまでは信じない。何かの間違いだと結論づけてしまい、公平に冷静にその原因を探ることを忌避する。つまり、その行為について客観的に知ることを拒否するのである。

サルトルは、この場合、彼の行為を客観的に知りたがらないのは、やはり彼を信頼していないからなのだ、という論理を掲げて「信頼しているということは、信頼していないことである」と結論づけている。もちろん、その人に対する信頼がきわめて強いので、どんな事実を突きつけられてもかまわないという態度もあるだろう。だが、多くの場合、信頼している人は、新たな事実によって自分の彼（女）に対する信頼が崩れるのを恐れている。事実を知りたいという要求より、信頼を維持したいという要求のほうがはるかに強いのだから。

信頼とは信頼しようという意志なのであり、頭をもたげてくる疑いを必死に払いのけて、疑わないように疑わないように自分をもっていく意志なのである。だから、これは意図的に真実を見ようとしない点で、（サルトルの言葉を使えば）自己欺瞞である。こうした心情に絡め取られている人は、自分に対しても相手に対しても、誠実でないと言えよう。

太宰治の『走れメロス』において、メロスは友セリヌンティウスとの約束を守ろうという動機で走ったのではなかった。はじめはそうであった。だが、間に合わないかもしれないという恐れに、苦しみもだえて彼が走りつづけるとき、その主要動機は友からの信頼を失いたくないためであった。さらに、暴君ディオニスに信頼で結ばれた友情の美しさを見せつけたいためであった。

肉体の疲労回復とともに、わずかながら希望が生まれた。義務遂行の希望である。わが身を殺して名誉を守る希望である。斜陽は赤い光を、木々の葉に投じ、葉も枝も燃えるばかりに輝いている。日没までには、まだ間がある。私を待っている人があるのだ。少しも疑わず、静かに期待している人があるのだ。私は、信じられている。(新潮文庫)

カントによれば、こうした動機が約束を(約束ゆえに)履行したいという動機より優先するとき、メロスは誠実ではない。もしこの約束が刎頸《ふんけい》の友とのあいだではなく、どうでもいい人とのあいだに交わされたとしたら、メロスはこれほど命を懸けて走ることはないであろう。だから、メロスは、愛すべき(liebenswürdig)かもしれないが、けっして道徳的(moralisch)ではないのである。

信頼による支配

(道徳的)信頼とは、弱さもずるさも含んだ自分の気持ちに誠実に相手と関係を築きたいという意志によってではなく、あるべき理想の関係を相手とのあいだに築きたいという意志によって成立する。自分と相手の誠実さを第一に尊重する関係においては、相手が不可抗力で到着できないとき、相手を責めることはないであろう。だが、信頼はそれでもなお崩れるのだ。メロスは、友の信頼を裏切らないためには、たった一つの方法しかないこと、それは約束どおり夕日が沈むまでに戻ってくることをおいてほかにないことを知っていた。戻らない場合、いかなる言い訳も、それが不可抗力であったとしても許されないことを知っていた。こうした限界状況で、しかも自分が磔《はりつけ》になるために走るからこそ、メロスの行為は英雄的なのであり、感動的なのである。

　だが、メロスはこうした悲壮な仕方でセリヌンティウスを支配しており、彼もメロスを支配している。この美しい信頼関係に潜む相手を支配する暴力を知っているからこそ、人間嫌いはここに一抹の胡散臭さを感ずるのだ。眼を凝らしてみれば、そこに「美」ではあるが「真」でも「善」でもないものが見えてくるのである。

　メロスはとにかく友を信頼したことによって報われたが、報われないことも多々ある。ビビアン・リーとロバート・テイラー主演の『哀愁』（原題“Waterloo Bridge”）という私の好きな古い映画（一九四〇年）がある。第一次世界大戦のさなか、貴族の息子ロイとバレリーナのマイラとの恋愛物語で、二人は地位の違いを超えて愛し合い、結婚まで漕ぎ着けようとするが、それはかなわずロイは突然前線に召集される。マイラは、彼を送りにウォータールー駅に向かい、出発する列車の窓から手を振る彼を一目見ただけであるが、公演をすっぽかしたことにより、バレエ団から解雇される。彼女はカフェーで、彼の戦死の記事が載った新聞をふと眼にし、それから自暴自棄になって娼婦に身を落とす。

ある日、いつものように客引きのためにウォータールー駅で帰国軍人たちを待ち構えている彼女の眼にロイの姿が飛び込んでくる。彼も気づき、狂喜し、戦死の報道の間違いを説明し、あらためて結婚しようと言う。彼女は、運命のいたずらに身を震わし、はじめ躊躇したが、やがて思い直し、彼と共に彼の館のあるスコットランドに行く。その館で結婚式の前日、親戚一同や貴族仲間たちにお披露目パーティーを催す。みな、(しぶしぶ?)マイラを迎え入れる。すべてがうまくいった。結婚の後、彼にゆっくり真実を話そう。そう思いつつ、マイラの心は恐怖で怯えている。そしてその夜、彼の母に「結婚できない」と告白したものの理由は言えず、彼女は置き手紙を残して館を出る。そして、ロイとはじめて会ったウォータールー橋で、トラックに身を投げて自殺するのである。

マイラは、相手の信頼を失いたくないために自殺を選んだ。この場合は、結婚しても難しかっただろうと思われる。ロイにすべてを語って彼と別れる道はあるが、それも彼女にとっては死ぬより辛いことであろう。すべての不運は、あのカフェーで新聞の戦死欄をふと眼にしたことに起因する。そのことにより彼女は絶望し娼婦の道を選んだのである。ロイが生きていることを知っていたら、どんなことがあってもその道だけは選ばなかったであろう。メロスと同じく、彼女は報道の間違いという一種の不可抗力によって娼婦に転落したのだが、それでもロイに弁解できないことを知っていた。

ロイや彼の母親の「善良さ」が、マイラを殺したという見方もできる。彼女の陥った境遇など頭の片隅にもない善良な人々にいらだちともどかしさを覚え、彼女はその絶対的信頼に感謝しつつも、それを壊したくないがために自殺したのである。

善人の暴力

こういう映画を観ると、あらためて善良な人が善良であるがゆえの果てしない暴力に怒りを覚える。彼らは（いわゆる）悪を見ようとしない。それがどんなに悪の瀬戸際であえいでいる人、不可抗力ゆえ悪に陥ってしまった人を責め殺すことになるのか、わかっていない。

このことを考えるうえでもう一つ、三島由紀夫の『鹿鳴館』を見てみよう。

かつて新橋の芸者であった朝子は、いまや冷酷無比な大立者の政治家である影山の妻である。彼女には、芸者時代に愛人であった清原とのあいだに久雄という息子がいる。ある日ふとしたきっかけで二十年ぶりに久雄に出会い、彼が父を殺そうとしていることを知る。影山の政敵である清原が憂国の青年たちと共に鹿鳴館で催される宴を妨害しようという計画を知り、その機会に乗じて彼を殺すのだ。朝子はこのことを聞き知り、清原を呼び出して、(理由は告げずに)鹿鳴館には行かないよう懇願する。清原はそれを受諾する。だが、このすべてを聞き知った影山は、一方で、久雄にピストルを渡し、他方、清原にやはり憂国の青年が暴れている、朝子の願いだから、すぐに鹿鳴館に来るようにと仕掛ける(このすべては嘘である)。久雄はそのピストルで清原を襲い、清原は犯人が誰かわからずに発砲し、死体を確認したところ、久雄であった。このすべてを知った朝子は、影山に憎しみの炎を燃やすが、それに対して影山はこう告白するのだ。

影山　まあ、ききなさい。私はね、あなたと清原との間に在るあの何とも言えない信頼が嫉ましかったんだ。あの透明な余人を容れない、あの物言わぬ信頼が嫉ましかったのだ。あんなに永いこと離れていながら、あなたと清原は信じあうことができたんだ。私とあなたとの間にはそんなもののかけらでもあったかね。

朝子　ございませんでしたわ。

この告白が、最後のどんでん返しの幕開けである。影山は自分の仕組んだことは「政治」の問題ではなく、じつは「愛情」の問題であったと言う。朝子はそういう影山をあざ笑うように、とうとうと演説する。

朝子　もう愛情とか人間とか仰言いますな。そんな言葉は不潔です。あなたのお口がけがらわしい。あなたは人間の感情からすっかり離れていらっしゃるときだけ、氷のように清潔なんです。そこへ、そのべたべたしたお手で、愛情だの人間らしい感情だのを持ち込んでくださいますな。本当にあなたらしくない。……愛情ですって？　こっけいではございませんか。心ですって？　可笑しくはございません？　そんなものは権力を持たない人間が、後生大事にしているものですわ。乞食の子が大事にしている玩具まで、お欲しがりになることはありません。

（新潮文庫、傍点原著者）

信頼はたしかに人を感動させ、人を嫉妬させるものである。だが、清原は朝子を信頼していたがゆえに、はじめ「鹿鳴館に来ないでくれ」という朝子の願いを聞き届けた。そして、次に「鹿鳴館に来てくれ」という（影山によって仕組まれた）朝子からの偽のメッセージを信じてしまった。そして、影山がその信頼に嫉妬したがゆえに、清原はじつの息子を射殺するという悲惨な結果を招いてしまったのだ。

信頼は危ない綱渡りであり、わずかに平衡感覚を失うことによってたちまち転落してしまう。暴君ディオニスが、メロスに「何もしなかった」から、さらに彼らの信頼によって眼を覚まされたから、物語は文句なしのハッピーエンドになりえたのだ。ディオニスが影山のように、もし彼らの深い信頼に嫉妬していたら、いくらでも策略は張りめぐらせたであろう。例えば、走りつづけるメロスを捕らえさせて、わざと遅らせるように画策することくらい何でもない。『鹿鳴館』は、『走れメロス』のネガとも解することができるのではあるまいか。

信頼すること自体は善でも悪でもない

こうして探っていけばいくほど、カントの言うように、信頼すること自体にはいかなる道徳的価値もないことがわかる。子供に「お母さんが待っている」と言うだけでたやすく誘拐できるのは、子供がその言葉を信頼してしまうからである。子供に人を疑えと教育することは辛いとのたまう評論家がいるが、子供の命を救いたいのなら、まさに「人の言葉を信頼してはならない」という教育も必要なのである。

信頼には片方的信頼と双方的信頼がある。片方的信頼は、一方的に他人の人生を支配しようという形で生ずる。自分の成し遂げられなかった夢を他人に託すというのが、その典型である。大原則として、他人の人生に過度の期待をかけてはならないと思う。勝手に相手に期待して、その期待がかなわないとき、「こんなはずではなかった」と相手を責めるのが卑劣な弱者というものである。人間嫌いが人間嫌いらしく生きるには、こういう人間関係からみずからを解放しなければならない。他人に夢を託してもならず、他人から夢を託されてもならない。この関係の重荷からだけでもすっかり解放されたら、人生はどんなに楽になることであろう。

家族については次章で論ずるが、子供は親に、妻は夫に「ああしてくれ、こうしてくれ」と過剰に期待するから、それがかなえられないと激しく憎むようになる。同じく、親は子供に、夫は妻に、よい子であるように、よい妻であるように過剰に期待をかけるから、失望するのである。

双方的信頼とは互いに信頼し合う連帯関係のことである。これは、軍隊をはじめ、集団的行動を効果的にするために不可欠の要因である。そして、この双方的信頼関係は（いわゆる）善いことに結びつくとは限らない。じつに革命や叛乱においてメンバー同士の信頼は不可欠であるし、国際的麻薬密売組織やテロリストグループあるいは暴力団など、明らかな反社会的集団においてさらに顕著である。

信頼は倫理学の言葉を使えば、「無記名（adiafora）」なのだ。それは、人が集団に依存して何らかの社会的利益を目指すかぎり、かならずつきまとい、それ自体として善くも悪くもなく、よって（いわゆる）善にも悪にも加担できる。

ナチスの幹部も、ヒトラーを心の底から信頼し、全幅の忠誠を誓ったのであり、ヒトラーも彼らを信頼していた。ゲッベルスの妻が最期を迎えるとき英国で捕虜になっている息子に宛てた手紙は次のものである。

私の愛する息子！　私たちはもう六日間、この総統地下壕にいます。私たちの輝かしい理念は滅びます。それとともに、私が私の人生で知った美しいもの、賞賛に値するもの、高貴で立派なものもすべて滅びます。総統（ヒトラー）と国民社会主義（ナチス）

のあとに来る世界は、そこで生きるに値しません。それゆえ、私は子供たちもここへ一緒に連れてきました。あなたは生きつづけるでしょう。あなたに願うことはただ一つ、ドイツ人だということを決して忘れないように。私たちが目指すことは、ただ死に至るまで総統に忠実であることです。私たちが彼とともに生を終えることができるのは、私たちが予想もしなかった運命の恩恵です。愛する息子よ、ドイツのために生きてください！　愛する母より。（『ゲッベルス』平井正、中公新書、括弧内は中島注）

平井の同書によれば、一九四五年四月三十日に、ヒトラーがエヴァ・ブラウンと地下壕で結婚式を挙げた後ピストル自殺し、その遺体にガソリンが注がれ焼却される光景をゲッベルスは敬礼をしながら目撃していた。その翌日、六人の子供を殺し、夫婦は——詳細はよくわかっていないが——自殺を遂げた。

信頼は、善きにせよ悪しきにせよ人を縛る。よって、人から縛られたくない人間嫌いは、こうした信頼関係から自然に身を退く。人間嫌いにとっての理想的人間関係とは、相手を支配することなく、相手から支配されることのない、相手に信頼や愛を押しつけることも、相手から信頼や愛を押しつけられることもない関係である。

これがなかなか実現できないのは、わが国の（いや、どの国でも）ほとんどの人がそう望んでいないからである。だが、同じような理想を求めている人もいる。そういう人々のあいだにこの関係が樹立できるなら、他人をわずかにでも縛ることなく、他人からわずかにでも縛られることのない、あらゆる他人から独立しているが、（通常の意味で）孤独ではない、爽やかで淡白な関係を実現できる。それは、本書の最終章のテーマである。

他人の評価に振り回されない

他人の評価に一喜一憂しないこと、これは他人からの独立を目指すためには必須不可欠なルールである。だが、これを実践することは、私にとってとりわけ難しいものであった。少年時代、青年時代を通じて、そして、半隠遁を実践した五十歳に至るまで、私は他人から評価されることを主要動機にして動いていたとすら言える。ことに権威ある他人からの評価は絶対であった。なにしろ褒められたい、賞賛されたい、一番優れていると評価されたいという、からだが押しつぶされるほどの欲求があった。

だから、学生時代を通じてずっと辛かった。中学でも高校でも成績が学年一番であればほっと息がつけ、三番を下るともう打ちのめされた。悪い成績を取ると、両親が叱りつけたわけではない。ただ、自然に「そうなってしまう」のである。

帰国し大学に職を得てからは、次々に仲間たちが「上位」の大学に移っていくことに対して気が気ではなかった。「どうしてあいつがあの大学なのだ」そして「どうして、おれがこの大学なのだ」という気持ちを抑えることができない。人事は業績のみで決まるものではない。その理不尽さに地団太を踏んでもしかたない。そういう制度なのであるから、わかっていても、どうにかしてこの灼熱地獄から解放されたかった。

そして、私がこうした地獄から解放されたのは、――前章でも触れたように――書くことによってである。自分でなければ書けないことがあることを発見し、それによって賞賛を求める「普遍的競争」の外に出ることができたからである。

もちろん、書くことを職業にすることは、また別の苦しみを運んでくる。書籍出版社にとって、作家の目安はその著書が「売れる」か「評判になる」か、という基準だけである。それがその作家の商品価値なのであり、そこでは見事なほどドライな価値秩序が支配している。たとえ一冊売れたとしても、次もそしてその次も売れなければ、さっさと捨てられる。結果だけなのだ。そして、どうしたら結果を出せるか、蓋を開けてみるまでじつのところ誰にもわからない。

しかし、こういうドライな世界は、結構私にとって生きやすいと感じた。学者は、商品価値のない著書ばかり書いているから、その序列にはごまかしが付きまとい、権威や地位という虚名が支配することになるのである。

作家が生きやすいもう一つの理由がある。それは、自分固有の世界を開くのであるから、本来ほかの誰とも比較ができないということである。自己愛を積極的に評価する心理学＝精神医学を切り開いたコフートは、科学者（学者）と芸術家には共に強烈な自己愛が必要だが、その違いを次のように言っている。

芸術と科学とのあいだの区別は、芸術作品は芸術家（作曲家、彫刻家、画家、詩人、小説家のいずれであってもよい）によっていったん完成されるとこの上なく神聖なものとなり、原則的にはどんな欠陥があっても、どんな改善の余地があっても、他人によって変えられることはないという事実に留意すると、きわめて明白になる。芸術家の作品は制作者のパーソナリティーと永久不変に堅く結びついていると無意識に認められていて、それは他人の侵入によって手を加えられてはならないのである。

（『自己の分析』水野信義・笠原嘉監訳、みすず書房）

作家として私がほとんど取るに足らないとしても、夏目漱石と比べて、三島由紀夫と比べて、太宰治と比べて、村上春樹と比べて、何になろう？　もちろん、作品としての完成度や獲得した賞や売り上げ部数など、どこまでも客観的な評価はまといつく。だが、とにかく私にしか書けないものを書いているかぎり、「私は私だ」と居直れるのである。

他人に無視されることに慣れる

他人からの評価を求めないという訓練の究極の段階は、他人から無視されることに慣れることである。これもなかなか難しそうに見えて、一度実行してしまえば結構簡単なことである。

世の中には、知人から自分にだけ結婚式や葬式やパーティーの連絡がないと、嘆き悲しむ人が多い。自分の知っている者がみな連絡を受けていて、自分だけ外されている場合、意図的なら怒りは研ぎ澄まされるが、「つい忘れて」という場合は、やり場のない虚しさに陥ってしまう。自分が相手にとって虫けらのようなものであったことが実証されてしまうから。

こういう反応を知っているからこそ、われわれは慎重の上にも慎重を期して連絡を怠りなくしようとする。一度の手落ちで、人間関係が破壊されるかもしれないからである。連絡の順番にも神経を尖らせる。みな、すでに仲間たちが知っている彼女の結婚、彼の不慮の事故を自分がまだ知らないことに耐えられないのであるから。

だが、このすべてはあっという間に過ぎ去る人生において、壮大な労力の無駄遣いではないだろうか。心の底からこう考えて、私は十年ほど前から、こういう心労にかかわり合うことをぷつりとやめてしまった。昨日会った同僚が、その前日に自殺した共通の知人のことを教えてくれなくてもなんともない、と思うように訓練し、その友人の葬式の連絡が自分にだけは来なくて、その結果彼が死んだことをずっと知らされなくてもなんともない、と思うように訓練した。

両親の死は、勤務大学はじめいかなる出版社にも伝えなかった。父の葬式の日に講談社の担当編集者から原稿依頼の電話がかかったのだが、じつはいま葬式の最中であって、でも他言しないように、と釘を刺しておいた。

会う人ごとにそう伝え、何度も本に書き……という涙ぐましい努力が浸透してきたのか、いまでは自分だけ蚊帳《かや》の外ということがずいぶん増えてきた。

大学院に一緒に入った奥村敏君がいつ死んだのかも知らない。かつて彼の勤務校（愛知大学）で非常勤講師を二年もし、彼の自宅も訪れ、ときどき豊橋に出て呑んでいたのに。日本カント協会前会長の浜田義文先生の死も、ずっと知らなかった。あれだけ近くにカント研究者がいるのに、誰も教えてくれなかった。およそ二カ月後に、電通大にドイツ語の非常勤講師として来てもらっているカント研究者のNさんから聞いた次第である。

教養学科の先輩で、いろいろ人生相談もし、彼がウィーンに留学するときは情報を提供し、その後共に夫婦で会ったこともある大阪大学の奥雅博さんの死も知らなかった。ある研究会の帰り道に、ふっとその話を聞いてさすがに驚いたけれど。

でも、私は深く傷つくことはない。なぜなら、私はそういう人間であると表明しているので、たとえどぎつい形で排斥されても、みんなこちらを配慮して連絡してこないのだなあと思うことができるからである。いかなる排斥も、自分から選び取っていると解釈できるのだから、絶対に落ち込むことはないのである。

相互扶助から脱する

他人との関係、とくに親戚や家族との関係を希薄にすると、自分が窮地に陥ったとき（病気になったり、事件を起こしたりしたとき）、援助をもらえないという恐れに駆られるかもしれない。その通りである。だから、そうした事態になっても大丈夫であるよう、充分準備しておかねばならない。だが、徹底的にフツーから降りてしまうと、これもそれほど困難なことではない。例えば、私は自分が倒れても、交通事故に遭っても、妻や息子に病院に駆けつけてもらいたくない。もちろん、その他の誰も来なくて結構。そのまま息を引き取ってもかまわない。

私の心境や境遇はかなりの数の編集者に伝えてあるので、またかつての哲学塾（「無用塾」）の塾生だった者にも、信頼できる青年は何人かいるので、何かが起こったら喜んで助けてくれるであろう、と思われる（違うかもしれないが）。

だいたいここまで至ると――とくにこの十年間の「半隠遁」の成果は大きく――ずいぶん人間関係が希薄になっているので、六十歳に至った一応の社会人としては、異様に人間関係は切れているように思う。もちろん、仲人などしたこともないし、ゼミの学生が結婚しても結婚式には参加しないし、そのほか葬式や出版記念会などありとあらゆる式には出ないので、いまさら誰からも連絡が来ない。

還暦に至るまで、（家族以外の）結婚式に参列したのも葬式に参列したのも五回以下という男も現代日本では珍しいであろう。そして、いまや私は誰が死んでも、その葬式に義理で行かねばならないような人はいないのである。

最後に行ったのは、四年前の夏、エイズで壮絶な死を遂げたN君の葬式である。それは葬儀ではなかった。彼が病院で死ぬと、地下の霊安室に運ばれ、そこで通夜が執り行われた。それもいわゆる通夜ではなかった。僧侶も遺影も位牌も花束もなく、ただ冷たいコンクリートの部屋の隅に剥《む》き出しの遺体が安置されているだけである。そこには、ただ一人だけの親族である彼の姉と学生時代N君と一緒だったK君とその妻、それに私だけがいた。私は酒の小瓶を持っていき、ときおりそれをぐいと呑んだ。

数日後、ただ遺体を焼くためだけの葬儀が世田谷区の火葬場で執り行われた。親族が五人くらいと友人が五人くらい、それにエイズ患者を助けるボランティアグループ「ピア」のメンバーが十人くらい参列していた。このときも、遺影さえなかった。区役所の役人の指示で、参列者が順に棺の中に花束を投入し、棺の蓋をし、十分間ですべてが終わった。ああ、こういう葬式ってさっぱりしていていいなあと思った。

その一ヵ月前に、私は葉山海岸で（無限に事故に近い）入水自殺をしたH君の通夜に出席した。金沢八景のお寺に遺体は安置されており、和歌山から上京した彼の両親と彼の奥さんの親族が数人参列しているきりであった。彼の大学時代の知人が一人、それに彼が勤めていた予備校の校長が数人の部下と来ていたが、あっという間に帰ってしまった。奥さんの親族数人も、結婚して一カ月後の自殺ということで、居心地悪そうに顔を見合わせていたが、じきにみな（奥さんを含めて）退散してしまった。そして、彼の両親と私だけそこに取り残されたのである。

お父さんは「これは、事故だ、事故だ」と低く呟いている。そして、しばらくすると別室に寝に行ってしまった。お母さんが、すがるように頼む。「私、眠ると眼が覚めたとき、怖いの。朝まで一緒にいてください！」。私はもちろん承知した。みんな去ってしまった。自殺という死に方はなんと寂しいのだろう。お母さんはたえず涙を流しながら、朝まで憑《つ》かれたように彼の子供時代からのことを語りつづけた。その五メートル向こうに、倅《せがれ》の棺がある。その顔は黒ずみ、歯を食いしばっていて、とても苦しそうであった。思わず涙がはらはら流れた。「先生、泣いてくださってありがとうございます」。みずからも泣きながら彼女は言った。この人はなんでこんな目に遭わねばならないのだろう？　朝もやの中を帰るとき、お母さんはお寺の門のところで私に丁寧にお辞儀をして、いつまでもいつまでもそこを動こうとしなかった。

誰でもが参列する葬式や通夜に、私は絶対に行かない。とくに有名人や社会的地位のある人の葬儀は、その虚飾に反吐が出る思いである。

人は変わる

ここ十年ほどでこれほどまでに私は変わったのに、ごくたまに私の変貌を知らずにいるかつての知人が、「会いたい」と言ってきても、はっきり「いいえ、会いたくありません」と断る。他人との金の貸し借りはこれまでなかったし、保証人にすら――十五年前に妹の息子が大学に入ったときになったきり――誰も依頼してこない。親戚一同に、私が何の役にも立たないことが充分伝わっているのであろう。

人生「もちつもたれつ」であることはわかっている。とくに外国で長年暮らすには、日本人の信頼できる知人をもつことが必須不可欠の条件である。私の四年半におよぶウィーン滞在のとき、私は大学では留学生たちと、日本人学校では教員や父兄たちと濃密な人間関係を形成した。安い航空運賃について、よい住宅物件について、家主とのあいだの引きも切らないトラブルについて、子供の教育についてなど、彼らからさまざまな情報を仕入れ、彼らにさまざまな相談をもちかけ、こちらも相談に乗ることは、ほとんど生きていくうえで必要であった。そのことをみな知っていたから、人間関係は剝き出しになり、きれいごとは限りなく後退し、日本国内よりドライな運命共同体が形成されていたのである。

帰国後も、私はきわめて社交的であった。でなければ、私は地位が獲得できないからであり、地位が獲得できなければ、自分のしたいこと（哲学）ができないからである。さらに単なる生活の安定のための地位ではなく、よりよい地位が欲しかった。なぜなら、よりよい地位にいるとよりよい仕事が回ってくるからであり、業界でも業界外でもみんなから尊敬されるからである。さらにジャーナリズムに船出するには、よほどの風雲児でないかぎり、他人の紹介・援助・口利き・世話が必要である。はじめて有力新聞や雑誌に記事を書いたり大手の出版社から著書を出したりするには——つまりとっかかりには——、その分野で能力を認められている人の紹介がすべてであると言ってもいい。

私はアカデミズムでもジャーナリズムでも、不思議なほどそういう人にめぐり合い、彼らの助力によって、地位や仕事を獲得してきた。そして、彼らの恩に報いるため、つまり、彼らの「保護」から離れても業界で独力で生きていけるように、必死の努力をしてきた。

だが、そんなことを十年も続けた結果、「こうして、死ぬまでさらに評価されるように、さらに有名になるように、さらに売れるように努力することはおかしいのではないか？」という声が自分の中でぼんやり聞き分けられるようになった。その声は「そうして結局は死ぬのではないか？」という声に連なっていく。死を解決するために哲学を志したのに、そして哲学を続けるために業界での地位を保持しようと尽力してきたのに、いつのまにか手段が目的になってしまい、本来の目的はいつかエピクロスの斜行運動のように斜めに傾《かし》いでいる、そう認めざるをえなくなったのである。

そのころから、自分のえげつないほどの実利的で世俗的な能力、すなわちさまざまな形で人々を組織する能力、権力者に近づく（遠ざからない）能力、自分のアカデミズムとジャーナリズムにおける「地位」を担保にして――つまり自分と付き合っていると得であると思わせて――、人を支配する能力、あるいは人に（独特の意味で）好まれる能力……つまり自分の生き方の「賢さ」に嫌悪感を覚えるようになってきたのだ。

そこで、五十歳になったころ、哲学界においてまずまずの位置を占め、電気通信大学というまずまずの大学において教授の地位を確保し、物書きとしてもまずまずのスタートを切っていた私は、「死の解決」という本来の人生の目的に合った生活をするために、いよいよ人生を降りることを開始した。もう降りても大丈夫だと悟ったから、本格的に降りることにしたのである。

ずるいと言えばずるいであろう。だが、周囲を見渡すに、もう充分降りることができる人のほとんどは降りていない、いや降りようとすらしない。だから、私は決断力と実行力があるのだ。というより、私はやはり変わっているのであろう。これまで必死の思いで振り落とされないようにしがみついてきた人生が、一応の世俗的なものを獲得したときに（ふたたび言う、この点に関して私はずいぶん望みが低いのだ）、いかに虚しいものであったか、しみじみわかった。そこで、もう振り落とされないぞという自信がついたとき真剣に「降りよう」と思い立ったわけである。

人間嫌いと社会的成功

人間嫌いが直ちに社会的成功を忌み嫌うわけではない。「人間嫌い」という言葉について回る俗物的響きに耳を傾けなければならない。むしろ、人間嫌いの多くは、大多数の人間は嫌いだが、その大多数の嫌いな人間から賞賛されるのは好きなのだ。永井荷風は徹底的な人間嫌いであって、文化勲章を受けた。これは別段不思議なことではない。

ここにはおそるべく単純な論理が支配しているのだが、人間嫌いに無縁な人にはどうしてもわからないらしい。人間嫌いのタイプを想い起こしてほしいのだが、ある人があまりにも純真無垢だから人間嫌いになるわけではない。そう「思い込んでしまう」から人間嫌いになるのである。よって、人間嫌いは人間平等論者でもなければ、人権愛護主義者でもなければ、弱者偏愛主義者でもなければ、反権力・反権威主義者でもなければ、アナーキストでもなければ、理想世界希求者でもない。人間嫌いをその中核で動かしている動力は自己愛である。なるべく自分の感受性と信念とに忠実に、すなわち普通の言葉を使えば、なるべくわがままに生きたい。ほかの人のわがままも許すから、こちらのわがままも許してもらいたい。

とくに、人間嫌いは（動物愛好型とアルセスト型においては希薄だが）、自分の美学にいわく言いがたい微妙な濃淡があることを認めてほしいのだ。例えば、私は結婚式や葬式をはじめ形式的な式典は、とくに豪華になればなるほど嫌いだが、学生たちや哲学仲間と安酒場で呑むのは大好きである。といって、一般的に豪華なことが嫌いであるわけではなく、旅先で泊まるホテルはなるべく広々として設備のいいほうがいい。芝居でも音楽会でも最高の席を取るよう努力する。ブランド物に凝っている輩は単純に馬鹿だと思うが、家具調度や食器などはかなり値が張ってもいいものを揃えようと思う。こう挙げていくときりがないが、それぞれに微妙な趣味の濃淡があるのだ。

そして、——これが一番受け容れられないことだが、——人間の平等を認めないので、善良な市民の趣味に対してはひどく不寛容である。とくに、言葉遣い、身のこなし、着ている物などに関して、私を侵害しなければ最低限いいとしても、(私の基準で)趣味の悪い人と一緒にいることは不快である。

こうしたわがままぶりが如実に出ている人間嫌いには女性が多く(女性のほうがすなおだからか?)、山田詠美、中野翠、金井美恵子、大庭みな子、白洲正子、塩野七生など錚々たる面々が顔を連ねる。男でも、内田百閒や吉田健一には「特別の思想なんかないが、あえて言えば思いっきりわがままに生きたい」という「思想」が透けて見える。そして、こういう人は自分の身勝手さを知っているので、じつに他人に寛大なのである。自分のわがままを許してくれさえしたら、あとは他人に何の要求もしない。だが、これが現代日本では、いささかも謙虚とはみなされず傲慢の極致とみなされるのだから、困ったものである。

5

家族を遠ざける

人間嫌いと結婚

この世において、私に期待する他人の最たる者、私から期待されることを望む他人の最たる者、つまり私を縛る他人の最たる者が家族である。だから、他人に何も期待しないというルールを確立するためには、ぜひとも家族関係にメスを入れなければならない。家族のメンバーが互いに何も期待しないことを認める家族主義者はいないのだから。

だが、こうした私の考えはずいぶん常識と異なっているようで、世の中の人間嫌いを見渡すに、かならずしも家族嫌悪症ばかりではない。いや、――私にとってはじつに不可解なのだが――正真正銘の人間嫌いであって、かつ家族至上主義者と言える者さえいる。人と人の結びつきなどすべて信じないが、家族の絆だけは信じる人間嫌いもいるのである。

家族の外には親戚、その外には隣近所、その外には郷土、その外には国家という諸世間が同心円を形成して取り囲んでおり、あるいは学校や会社が別の重要な世間としてこれらのあいだに入ってくる。こういう「天動説的世界」に生きている者は人間嫌いではない。人間嫌いである家族主義者とは、そうではなく、自分を守ってくれるのは家族だけだという堅い信念をもっている者である。家族とは冷たい風が吹きすさぶ広漠たる宇宙から自分を守ってくれる唯一の砦であり、ここでのみ私は安らかに身を伸ばして生きていけるのだ。山田風太郎はそれを恥ずかしげもなく露出しているが、漱石もまた必死に隠蔽《いんぺい》している形で露出しているわけで、この意味で家族主義者的人間嫌いに含まれる。

家族や妻に対する漱石の態度は、わが国の古風な男の典型であるとすら言える。彼にとって家族は大切であり、とりわけ妻は大切なのだが、それを言ったり示したりすることは男の沽券《こけん》にかかわる。そう深く信じているので、彼は表面上、家族や妻がいたって煩わしいようなそぶりをしつづける。故意に冷たく当たり、わざと威圧的な態度に出る。漱石が在宅のとき、虎でもいるかのように家中がシーンとしていたと鏡子夫人は述懐している。漱石は、こうした形で家族に依存しているのであり妻に甘えているのである。こうした形でしか妻に甘えられないのである。それが彼の「愛の表現」だと妻も熟知しているので、彼女はその横暴に耐えることができる。

こうした家族主義的人間嫌いは、いまなおわが国の妻帯者の中に少なからず残存しているようである。彼は実存の深いところで妻に依存しているので、妻から切り離されて世間の寒空にひとりおっぽり出されたら生きていけない。そのことを妻もよく心得ていて、男のプライドってかわいいと思いつつ、下を向いて苦笑しながら「はいはい」と答えて、夫のわがままに付き合っている。こういう男は人間嫌いであっても、「家族に守られた人間嫌い」というひ弱な劣等品種である。

眼を転じると、山本周五郎や藤沢周平は、権威や権力に反発し、それゆえ要領の悪い人間、実直すぎるがゆえにうだつの上がらない人間を丹念に描きつづけている。彼らの生態は、一見すると（1）の動物愛護型と（2）のアルセスト型人間嫌いに近いようだが、もっと揺るがぬ実感をもっていて、貧しく地味な庶民のひたむきな人生にこそ真実が宿っているという一種の信仰に貫かれている。彼らを人間嫌いに含めるには抵抗がある。

彼らが求めているのは、「真実」の人間の姿と言っていいが、それは優しさや思いやりや実直と同義であるような真実である。つまり、虚飾のないという意味で真実の人間関係を求めているのだ。動物愛護型とアルセスト型は、じつのところそれを求めてはいない。彼らにとっては、人間のもつ醜さのみが前面に見えてしまい、いや見えるように自分を仕掛けているのだから、真実の人間関係を見出すことはありえないのだ。それは、永遠に到達できない理念であり、だから彼らは安心して不満を呟きつづけるのである。これに反して、山本周五郎や藤沢周平描くところの「家族主義的社会不適応者」は総じて何ごとにも愚痴をこぼすことはない。ただ、日々淡々と与えられた職分を遂行するだけである。

こうしたあらゆる権威や権力から遠く離れた真実の人間関係を求める男（女では違和感がある）は、真面目で温かい心をもっているから、そして彼はもともとひとりでは生きていけないのであり、人肌が恋しいのであり、しかもこういう「純粋な男」が好きな女はかならずいるものだから、彼にはかなりの確率で相応しい女との出会いがある。そうすれば、彼は虚飾にまみれた世間から距離をとって、二人でつつましくも清らかに暮らす家庭人におさまるというわけである。山田洋次の描く寅さんでさえ、じつは何人もの「これだ」という女に出会っている。いつも彼があと一歩進む勇気がないだけである。

藤沢周平の『たそがれ清兵衛』を（山田洋次監督の）映画で観て、清兵衛役の真田広之があまりにもカッコいいことに嫉妬に似た反発を覚えた。人を寄せつけない剣の達人であり、しかもあくまでもそれを押し隠し、心持ちは正直で優しく、飛び切りの美形なのに自分を好いてくれる女などいないと信じている。最後はある女（宮沢りえ）と結びついて、模範的夫に父親になるのだが、さもありなんというところである。こんなに「いい人」は人間嫌いではないのだ。

チェーホフは次のように言っている。

孤独を恐れるならば、結婚するな。

（チェーホフ『手帖』佐藤晴郎訳編、彌生書房）

これは、ぴりっとスパイスの効いた箴言であろうか？　そうかもしれない。だが、この一言で、チェーホフの人となりがはっきりする。この箴言に「よく言ってくれた！」と膝を打つのは、結婚に真実の絆を期待している人のみである。「長年連れ添ってきた妻すら信じられない、何を考えているかわからない」とため息をつき、深い幻滅を覚える人のみである。だが、（私の父のように、そして私のように）結婚に何も求めなければ、相手に何も期待しなければ、結婚したからといって、「孤独を恐れる」こともないのである……。

漱石と荷風

あれほど女嫌いの漱石が結婚をまっとうし、あれほど女好きの荷風が結婚に失敗した、とはよく言われることである。だが、何ら不思議なことではない。人間嫌いのうち、かなりの者が結婚し、かなりの者が結婚しない。そのどちらに針が動くかは、ひとえに人間嫌いの「質」による。芥川も三島も結婚した。森鷗外も川端康成も筋金入りの人間嫌いであるが、結婚した。自殺者に似ているのかもしれない。人間嫌いのうち少なからぬ者が自殺し、ほとんどの者は自殺しない。そのどちらに針が動くかは、人間嫌いの「質」によるのである。

先に挙げた『彼岸過迄』における「高等遊民」宣言に続いて、松本と彼を訪ねていった敬太郎とのあいだに交わされる高等遊民と結婚との関係についての興味深い会話がある。


「奥さんは……」

「妻は無論居ます。何故ですか」

敬太郎は取り返しのつかない愚な問を出して、始末に行かなくなったのを後悔した。相手がそれ程感情を害した様子を見せないにしろ、不思議そうに自分を眺めて、解決を予期している以上は、何とか云わねば済まない場合になった。

「貴女の様な方が、普通の人間と同じ様に、家庭的に暮らして行く事が出来るかと思って一寸伺ったまでです」

「僕が家庭的に……何故。高等遊民だからですか」

「そう云う訳でも無いんですが、何だかそんな心持がしたから一寸伺ったのです」

「高等遊民は田口などよりも家庭的なものですよ」


（新潮文庫）

松本の最後の言葉は、「高等遊民」を「人間嫌い」と置きかえて読み直すと含蓄がある。先に確認したように、家庭的である人間嫌いは、それ自体として矛盾ではないのだ。ということは、人間嫌いの逆、すなわちすべての人に如才なく接することができ、みんな一緒主義の信者であって、共感能力にも長けていて、しかも家庭的でない男もたくさんいるということである。

二度の結婚に失敗した永井荷風は、次のようにその心境を吐露している。

わたくしの身にとって妻帯の適しない理由は、二、三に留まらない。今その最も甚だしきものを挙げれば、配偶者の趣味嗜好よりもむしろ配偶者の父母兄妹との交際についてである。姻戚の家に冠婚葬祭の事ある場合、これに参与するくらいの事は浮世の義理と心得て、わたくしもその煩累を忍ぶであろうが、然らざる場合の交際は大抵厭うべきである。

行きたくない劇場に誘い出されて、看たくない演劇を看たり、行きたくない別荘に招待されて、たべたくない料理をたべさせられた挙句、これに対して謝意を陳べて退出するに至っては、苦痛の上の苦痛である。……ここにおいてか、結婚は社交の苦痛を忍び得る人にして初めてこれを為し得るのである。社交を厭う者は妻帯をしないに越したことはない。

（『荷風随筆集』岩波文庫）

この答えは嘘臭い。荷風はたぶん飽きるほど「なぜ結婚しないのか？」という質問を浴びせられた挙句、こう答えることに決めたのだ。この理由は一応の説明になっており、一応人を納得させせられる。だが、「なぜ結婚するのか？」に対しても、明晰に語れば語るほど嘘らしくなるように、この説明が一定の説明能力を有しているからこそ、すなおに「なるほど」と膝を打つことはない。世の中を見渡せば、荷風以上の社交嫌いもワンサと結婚しているからである。

家族という信仰

それにしても、現代日本において家族に対する信仰は狂信的とすら言える。それにどうにかして風通しをよくしようと企んできたが、そうすればするほど、その岩のような抵抗に気づくようになった。

現代日本は価値観が揺らいでいると言われながら、妻が入院しても見舞いに行かないだけで、息子の結婚式にも出たくないと言い張るだけで、私は正真正銘の反社会者とみなされてしまうのだ。

私は、鎌倉の家にひとりで住んでいる姉と四年前に絶交したのを機会に、両親の墓参りもしないことに決めた。もともと、墓には物体としての骨があるだけであり、それを「拝む」ことは無意味だと思っていた。墓に向かって死者に語りかけるのも単なる幻想である。

また「同居」している妻とはまったく話すことさえ、顔を合わせることさえしない状態が三年以上続いている。だが、そのことをどんなに他人に（とくに常識人に）説明しても、たちまち忘れて「奥様、お元気ですか?」と聞いてくるのだから、うんざりしてしまう。「知りません。生きていると思いますが、昨日台所で音がしましたから」と答える。他のアパート（住所も電話番号も知らない）に下宿している息子はいま（たぶん）大学四年だが、彼が将来何をしたいのかまったく知らないし、興味がない。

こういう家族関係を私は二十五年かかってようやくにして探り当てたのだが、さまざまな考え方の人がいると日ごろうそぶいている寛大な御仁ですら、私の「思想」を顧みることはない。誰でもいいから殺したいとか強姦《ごうかん》したいという反社会性とは違うはずだが、ほとんどこれらの者と同じくらいの異常者とみなされてしまうのだ。

現代日本で最も大切なものは家族であると言えば、何のお咎めもない。だから、次々に善人どもはこう語るのである。彼らは、最も大切なものが金であったり学歴であったり、社会的地位であったりしてはならないこと、そう語ることは人間としての貧しさの表明にほかならないこと、こういう基本文法を熟知している。だが、家族と言い出せば、胸を張っていられること、何の引け目も感じなくていいことを知っている。そのうえでそう語る。しかも、そう語る自分のずるさ、したたかさに気づいていない。

虚栄の家

私はきわめて人間関係の濃厚な家庭に育った。両親は仲が悪かったが、離婚など考えられないという雰囲気が支配していた。親戚一同を見渡しても、ほとんどが夫婦仲がよいとは言えないが、誰も離婚した者はいない。人間にとって、家族は「義務」なのである。

わが家は、互いに助け合い、励まし合い、成功を喜び合い、失敗を悲しみ合う……という姿勢が剝き出しの家であった。母は外部から子供たちがちょっとでも攻撃されると、血相を変えて抗議する。子供が学校内外で表彰されると、近所に満面の笑顔で伝え回る。どこまでも成功を求め栄誉を求め、そのことに何の疑問も抱いていなかった。母は自分を愛してくれない（というより愛することができない）夫を四十年間にわたって罵倒しながら、外に対しては「わが家はすばらしい」と宣伝していた。生涯独身を貫いたクリスチャンの姉もそれに同調するのだった。

外部とのあいだに厚い壁をめぐらせ、わが家のいかなるマイナス面も絶対に外部に漏らしてはならない、と子供たちに厳しく命じた。外部の侵入者（客）が帰ったあとで、眉を引きつらせて「お前はあんなことを言った、こんな行儀の悪いことをした」と私に怒りをぶつける。わが家は理想的な家庭なのだから、他人は悪いことを一滴も知ってはならないのだ。社会的に成功した夫と品行方正で成績優秀な三人の子供たちから成るわが家は、学校でも近所でも親戚のあいだでも永遠に賞賛されつづけなければならないのだ。

母は六年前に大腸癌で死んだが、母の病状が悪化して病院に通うことが多くなったころから、姉が家を必死の思いで外敵から守ろうとした。外敵の最たるものは母の四人の姉妹であり、それに近所の人々である。母は、人工肛門をつけていることを恥じていた。それを姉妹たちの誰にも最後まで言わなかった。大腸癌に罹《かか》ったことすら恥じていた。姉は「これはお母さんの意志だから」と、秘密を守ることにあらゆる情熱を注いだ。私が鎌倉の家にいたとき、講談社から電話があり、私が「母は……」としゃべりだすと、姉が台所から飛んできて、眉を怒らせ腕で大きくバツ印を描き、何も語ってはならないと伝えた。そのとき、私は姉を激しく憎んだ。何もかも言ってやろうと思った。七十六歳の老婆が大腸癌に罹っていることが、なぜ恥ずかしいのだろう？　だが、じつに、姉は母が癌であることさえ完全に秘密にしようとした。久しぶりに自動車で個別販売している八百屋が訪れる。

「奥さん、最近見かけないけど、どうかしたんですか？」

「いえ、何でもないんですよ」

そして、母がついに藤沢の病院で息を引き取り、遺体を鎌倉の家の広間に置いたときでさえ、近所の人々が通夜に来て「どこがお悪かったのですか？」と聞くと、姉はその瞬間私に冷たくなでるような視線を送って、「あのう、ちょっと転びましてね、老人ですから」と答えていた。

こうした虚栄心だらけの家庭が厭でたまらなかったにもかかわらず、結婚して私は同じような家庭を築いた。家庭をもつからには、人も羨《うらや》む家庭でなければならない。家庭を立派な芸術作品に創り上げることは、私に課された義務なのだ。強迫現象のようにそういう考えに取りつかれて、私は誰からも賞賛されうる完全な家庭という作品を創ろうとした。

妻の実家も、違った意味で結束の固い家であり、妻の母、姉、兄嫁という女たちが、同じように外敵から家族を「守る」ことに汲々としていた。だから当然、妻もまたあれを言ってはならない、これを言ってはならない、と私に命ずるのであった。母と姉と妻が、私をじっと見張っている。私は常識を外れている男だから、何を言うか気が気ではない。私がこの歳になっても、自分の家の醜態ばかり書きつづけるのも、きっとこうした仕打ちに対する復讐なのであろう。

コロンブスの卵

私は家族をもち、私の父と恐ろしいほど似た形で妻や子から非難され、どんなに外形的に尽くしても、それではダメだと糾弾され、「もっと優しく、もっと思いやりをもって」守ってくれと言われた。あなたは父親なんだから、あなたは夫なんだから、家族を守らねばならないと過剰に期待され、必死の思いでそれをかなえようとした。だが、九年前にウィーンに長期派遣され、家族で八カ月滞在したときを境にわが家は崩壊した。

私がウィーンを訪れる三カ月前から息子と一緒に彼《か》の地に住んでいた妻が、屋上からベランダに転落して脚の骨を折り一カ月入院するという災難があった。そのさいの私の態度すべてから、彼女は私に「優しくない」という最終判決を下した。私は、この事故のせいで、生涯で最後のチャンスである海外研修が妻の介護で終わってしまうことを恐れ、妻の不注意を何度も責めた。自分の仕事部屋さえなく、これでは仕事ができないと訴えた。妻の病院に付き添い、息子の父母会にも出席したが、私はこのことすべてを不満たらたら遂行した。妻からは、いやいやながらではなく、「喜んで」しなければ承知しない、と要求された。何をしても、あなたの真実の気持ちが伝わってこないと責められた。そして、「そんな愛のない人と一緒にいて恐ろしい。家を出てくれないか」と要求され、ひとりホテル住まいを開始したのである。

ホテルの一室に蟄居《ちっきょ》して、私は妻や息子を大切に思うことができない自分は、ほんとうにダメな男だと思った。だが、落ち着いて考えていくうちに、次第に私のからだの中に大きな疑問符が育っていった。妻だからといって、息子だからといって、私はなんで「心からの愛」を注がねばならないのだろう？　何をしても、外形的な手助けではダメだ、心がこもっていなければダメだ、と蛇蝎《だかつ》のように忌み嫌われねばならないのだろう？

真冬のウィーンで、私は頭が痺れるほど考えに考えた。そして、妻や息子が夫や父親に期待する「心からの愛」はただの社会習慣にすぎない、という結論に達した。私の父はその社会習慣に従い、母から「愛のない人！」と罵倒されつづけ、それに抵抗せずそれに甘んじて死んだ。母は狂気寸前にまで陥りながら夫に「心からの愛」を要求しつづけ、かなえられずに死んだ。二人は壮絶な戦いにどろどろになって死んでいったが、なんでこんな虚しい戦いをする必要があるのか？　もしかしたら、このすべては根本的に間違っているのではないか？　こういう疑問が次第に私のからだの中に広がっていったのである。

私は父母のように、残りの人生を果てしなく虚しく、果てしなくくたびれる戦いのために費やしたくないと思った。そうだ、すべては変えられるのだ！　頭上から重石が取り除かれたように、妻や子からさえきっぱり離れてもいいのだ、という新しい思いがむくむく育っていった。

まさに、コロンブスの卵である。私は家庭そのものを完全に拒否することができるのだ！　拒否していいのだ！　家族に関するいっさいの理念を完全に否定することができるなど、考えてもいなかった。いわば、科学者がまったく新しい理論を発見したときのように、私のうちでパラダイム変換が起こった。

私は「ひとり」になりたいのだ。家族という絆から解放されて、ひとりで自由に生きたいのだ。そして、そのほうが妻にとっても息子にとっても幸せではないか。いままでの結婚生活、家庭生活は、無意味ではなかった。そのことはいささかも後悔しておらず、それなりに必死にがんばってきた。だが、これをずっと死ぬまで維持する必要はないのだ。

私を解放してくれさえすれば、私は二人に何も期待しない。多くの善人から顰蹙《ひんしゅく》を買うことを覚悟で言えば、二人がどう生きようと――妻が再婚しようと、息子が結婚しようと、子供をもとうと――、まったく無関心である。経済的支援はいくらしてもかまわない。自分は赤貧の生活に耐えながら、二人に贅沢三昧の生活を送らせてやってもいい。私に、家族を完全に拒否するというこの「思想」を貫かせてくれるのなら、妻子に家族らしい振舞いをしなくて済むのなら、すなわち父や夫としての私に対する期待を完全に捨てることに同意してくれるなら、いっさいの「心の絆」を切り捨てていいのなら……。

シングルライフ?

社会学者の伊田広行は『シングル単位の社会論』や『シングル単位の恋愛・家族論』（いずれも世界思想社）において、シングル単位の人間関係を展開している。西洋型近代社会では、何ごとも男女のカップルを単位として構成されており、それが正常とみなされ、独り者（や同性のカップル）は肩身の狭い思いをしなければならない。これは、不都合だから、シングル単位の社会に大改革すべきであると言う。

だが（私は社会改革にはいっさい関心がないのであるが）、この提言は現実策にはなりえないと思う。この国ではまだまだ絶対的多数派が——たとえ目下、意に反してシングルであっても——やはり理念的には男女カップル単位を望んでいるからである。

だから、むしろシングル単位に大変革するというのではなく、シングルという生き方をも取り入れた多様な形態を認める社会の実現というほうが現実的であろう。

二十年以上も前のことだが、海老坂武の『シングルライフ』（中央公論社）がベストセラーになった。大学教授である著者は、あまり優雅とも思えないが、まあ悪くはないであろう生活を肩肘張らずにすなおに披露しており、人々はこういう生き方もあるのかと目を開かれる思いがした。だが、十四年後の二〇〇〇年に刊行された『新・シングルライフ』（集英社新書）はあまり評判にならなかった。その理由もわかる気がする。すなわち、そのときになると、シングルライフはすでにある程度の市民権を得てしまい、目新しさがなくなってしまったからであろう。実際、私のまわりにも四十歳を過ぎて独身の男はごろごろしている。

法改正に伴う統計上の年度差があるとはいえ、離婚件数もＤＶ（家庭内暴力）の件数も実態はうなぎのぼりであって、シングルライフに対する風当たりは確実に弱くなってきている。

こうした現代日本の趨勢《すうせい》をかんがみるに、私は個人的には家族はうんざりだが、といって、家族制度を希薄化しシングル単位の人間関係を機軸にした社会の大変革に賛成するわけではない。それは、家族が大好きな国民が集まっている麗しい大和の国ではとりわけ実現が難しいであろう。

私の結論はとても簡単である。結婚したい人は結婚すればいい。結婚したくなくて同棲だけしたい人はそうすればいい。それもしたくなく、ひとりでいたい人は、ひとりでいればいい。税金などの社会的ファクターを度外視してみれば、各人気に入った形態を選べばそれでいいのであって、現代日本（とくに大都会）にあって、それはかなりの程度かなえられるのではないかと思う。

そして、こうしたさまざまなライフスタイルの一環に「人間嫌い」というライフスタイルも滑り込ませること、これが私の狙いなのである。おたくやひきこもりというマイナスイメージをわが身に引き受けて、したたかに生きつづけることではない（それも可能ではあるが）。

私は、もっとラディカルなことを考えているのだ。

家族や恋人や友人など、古典的で自然で麗しくも親密な、すなわち互いを縛る人間関係をいっさい絶った、しかも人と人との結びつきを実現することが可能かというテーマである。私はそれを探ってみたい。そこに真に自由な人間関係があるのではないかと思うからである。

6

人間嫌いの共同体

この最終章では、これまでの考察を踏まえて、人間嫌いとして人生を全うする（しかも充実して）ためのルールをまとめて箇条書きにしておく。

きわめて重要なことであるが、人間嫌いのほとんどは、じつは人里離れ文字通りひとりぼっちで暮らすことを望んでいるのではない。自分の「体温」に適した風土にかずかずの人々と共同体を成して住むことを望んでいるのである。だが、さしあたり（そして、悲しいかなたぶんずっと）自分の「体温」に適した風土が見つからないだけである。

それは、これまでの章で確認してきたように、人々がくたびれ果てる欺瞞的な共感ゲームを中止し、いやそうでなくともそのゲームに乗らない人を許容し、他人に期待することをやめ、いやそうでなくともそういう人の生き方を承認し、家族至上主義を反省し、いやそうでなくとも家族を徹底的に遠ざけた生き方をも認め……つまるところ、各個人の感受性や信念をいかなる意味でも縛ることのない共同体である。犯罪に至る感受性や信念をも野放しにせよと言いたいわけではない。だが、この世の少なく見積もって九割の統制は必要ないものである。その意味で限りなく統制のゆるやかな新しい共同体の実現を目指すのである。

だが、それはまず実現しそうもないという確かな予感がする。なぜなら、第一に、人口の九割以上を占める「善良な市民」はこの提案にけっして賛同しないであろうし（なにしろ彼らは人間と人間とが共感し合い、期待し合い、支え合い、愛し合う猛烈に温かい共同体が大好きなのだから）、第二に、人間嫌いはこの社会の実現に向けて同じ考えの人と徒党を組むことは、それ自体自分の感受性と信念に反するので、拒否するからである。

だが、人間嫌いの一人ひとりが真剣に取り組めば、善良な市民が決定する温暖多湿な風土の中に「もっと冷ややかで爽やかな」エアスポットを形成することはできる。人間嫌い各人が、あくまでも個人的に自分のまわりにそうした空気浄化装置を創っていけばいいのだ。つまり互いに共感しないことに共感する、互いに期待しないことに期待する逆説的共同体の創設である。常に相手が死んでもかまわないと決意している共同体であり、互いに同情することを渋る共同体であり、誰にも何をも期待しない共同体であり、そもそもひとりでいることが一番だと実感した者が形成するどこまでも逆説的共同体である。

「それは難しい！」と悲鳴を上げる前に、ほんとうに望むなら一歩を踏み出す必要がある、そして、――何を隠そう――私は以下に述べるような十のルールから成る共同体の突貫工事をすでに開始したのだ。私が不幸に陥っても、死んでも、ちっとも悲しくないであろうような、私が幸福の絶頂にあることを知っても、ちっとも嬉しくないであろうような、私が心の底から頼んでも「その気にならないから」と軽く突っぱねるであろうような……すばらしい人間関係の輪が形成されつつあるのだ。

全国の人間嫌いの諸君へ。あきらめてはいけない。自分のまわりになるべく居心地のいい人間嫌いの空間を創ろう！（と励ましてもいけないのだけれど）。

以下、その十のルールをここに公開する。だが、読者諸賢に断っておくと、まかり間違っても「賛同するから」と手紙やメールで入会を申し込まないこと。私の創りつつある「人間嫌い協会」入会の条件は、賛同してもその意志を表明しないことなのだから。

人間嫌いのルール　第1

なるべくひとりでいる訓練をする

人間嫌いのルールの第一は、なるべくひとりでいて、しかも退屈せず充実した人生を送ることである。パスカルの有名な言葉がある。

人間の不幸というものは、みなただ一つのこと、すなわち部屋の中に静かに休んでいられないことから起こるのだということである。（『パンセ』前田陽一他訳、中央公論新社）

あるいは、兼好法師の言葉。

つれぐ〵わぶる人は、いかなる心ならん。まぎるゝかたなく、たゞひとりあるのみこそよけれ。

人は、——老後とくに——ひとりでいるべきなのだ。若い人の集まりにのこのこ出かけていって、彼らの多忙な時間を奪い取り、自分の暇つぶしに付き合わせるという破廉恥きわまりない暴力を犯すべきではない。ふたたび兼行法師。

大方聞（き）にくゝ見苦しき事、老人の若き人に交りて、興あらんと物言いゝたる。

老後はたしかに寂しい。なにしろもうじき死んでしまうのだし、長生きすれば次々に知人たちの訃報に接する。からだはあちこちガタがきているし、何ごとにも感動しなくなってくる。だが、これはすべての人がたどる運命であるから、このすべてを受容してひとりで生きるべきである。

だがそのためには、ひとりでできる仕事を獲得することが必須不可欠である。あなたが会社や役所をはじめとする組織に勤めているとして、定年後経済的には何不自由なく暮らせるとしても、趣味と安楽に明け暮れる生活はすぐに飽きてしまうであろう。たとえカルチャーセンターで文学や語学を学んだとしても、趣味の延長にすぎず虚しさは残るであろう。だから、いまのうちから定年後ひとりで歩いていけるための杖を探さねばならない。

できれば、専門家として認められるものを開発するのが一番いいが、それも（偶然に左右されて）なかなか困難である。ここは、それで金を儲けようだの、有名になろうだの、多くの人に感謝されようだの、さもしい野心は捨て去って、金輪際ごまかしはやめて自分に問いかけ、世間体や金銭など何もかも削ぎ落とし、あなたが一番したいこと（じつはしたかったこと）、つまりそれなくしては死ねないことをはっきり見定め、それに携わって残りの人生を歩むべきである。だいたいそういうことは、膨大な労力と意志の力が必要なので、人とたむろしてふらふら時間を費やす余裕などないはず。先に（第3章で）挙げた人々は、内からの叫び声に従って、すでにそれを見出した者たちである。

人生には二通りある。自分がしたいことを見出した者の人生とそれを見出さなかった者の人生である。人間嫌いを徹底させるには、もちろん前者でなければならない。そして、――残酷な言い方をするが、――もしあなたがはっきりそれを見出しているのなら、それを見出していない者と交わるのは、とくに時間があまり残されていない老後においては苦しいはずである。

人間嫌いのルール　第2

したくないことはなるべくしない

世間のうちで生きていくこと、それはたえまなく「したくないこと」をしなければならないことである。だが、これはそれ自体美徳ではなく、社会が滅亡しないための――それだけのための――必要悪である。だから、社会の存続をそれほど重視しない人間嫌いにとっては、したくないことをなるべくしないことは、人生の目標になりうるのだ。

この場合、他人の自己中心主義も同じように認めることが必要である。道徳的理由からではない。そのほうが、風通しがよく、結局（人間嫌いである）あなたが生きやすくなるからである。自信をもったおおらかな自己中心的な人が私は好きである。これを実現しているのは大方、特殊な才能があり、しかもそれを支える特殊な感受性が社会で認められている人である。

私の体験的実感からすると、この意味で自己中心的な人は、自分の「わがまま」をよく心得ているので、他人の自己中心主義をも尊重する。つまり、それを尊重して近づくか遠ざかるかであって、それを侵害しようとはしない。

自己中心的な人を嫌うのは、自己中心的であることができない人、そうありたくても我慢している人である。自分もこんなに我慢しているんだ、世の中そんなに甘くはないぞ、だからお前もそんな夢みたいなこと考えずに、もっと大地に足をつけて現実をよく見てみろ……というわけである。

誰もが「なるべくしたくないことはしない」社会の実現を、私は心から望んでいる。その結果、Aが人生を棒に振っても、Bがホームレスになっても、Cが刑務所に入っても、かまわないし、日本全体がかなりギクシャクしても能率が悪くなっても、GDPが半減しても、かまわないと思っている。

子供が勉強したくなければしなくていい。強制するのは、小学校の国語と算数だけでいい。それ以外の理科や社会、音楽や図画工作、さらには体育や英語など、小中学校の膨大な教科のすべてをこなさなければならないのは、正真正銘の拷問である。絵を描けないからといって、特別人生で困ることはなく、歌を歌えないからといって、仕事にありつけないわけではない。英語ができなくても、飢え死にするわけでもなく、跳び箱を飛べないから、ドッジボールができないからといって、死ぬことはない。給食をほとんど食べなくても、運動会や遠足に不参加でも、生きていける。私は心からそう思うが、どうもこうした「あたりまえのこと」にわが同胞のほとんどは同意しないようである。

そこで、もう少年時代を取り返すのは手遅れであるが、そのときの苦しみを反省材料として、残りの人生、「なるべくしたくないことはしない」ことを確認し合う人間関係を提言しようと思うのである。

人間嫌いのルール 第3

したいことは徹底的にする

これはルール第2と表裏一体となっている。したいことをしない人生はつまらない。なぜ多くの人は、どうせ死んでしまうのに、したいことをしないのであろう？　安全な人生を歩もうとするのであろう？　もちろん、したいことをした結果、刑務所にぶち込まれるかもしれない。飢え死にするかもしれない。だが、「したいことをする」とは、いつもそういう危険と背中合わせなのだ。絶対安全であり、かつしたいことができたらいいなあ、と思っている人は、いつまでもしたいことができないであろう。そんな虫のいいことはこの世ではありえない。

したいことをするという信念を（ある程度）実現している人は、他人がしたいことをしていても、嫉むことはない。したいことをしている人を嫉むのは、決まって自分がそれをしていない人である。また、したいことをしようとして失敗した人は、したいことをしないままに人生を終えるよりずっと豊かで充実していると思う。

親に反対されたから、妻子を養わねばならないから、勇気がないから、才能がないから……という理由をどんなに並べても無駄である。ほとんど同語反復であるが、ほんとうにしたいことなら、誰がどんなに反対しても、自分がどんなに迫害されても、まわりの者がどんなに不幸になっても、するはずだからである。こうした理由をもってあきらめることが「できる」のは、それほどしたいことではないからなのだ。人間には二通りのはっきり異なったタイプがある。その一つは、いかなる犠牲を払ってもしたいことをするタイプであり、もう一つは、健康、手堅い職業、人との良好な関係などから成る「安全」を最高の価値とするタイプである。

もちろん、現実の人はこの二つのタイプを適当に配分して生きている。人間嫌いの中には、先に述べたように、社交的人間嫌いもいることであるから、限りなく後者のタイプに近い者もいておかしくない。だが、人間嫌いであって組織の中で良好な人間関係を維持するには、すべてが技巧の積み重ねなのであるから、かなりのエネルギーを要する。それは不可能ではないが、猛烈にくたびれる。人間嫌いが肩の力を抜いて活き活きと生きられるのは、やはり自己中心主義を貫くことが許される状況においてであろう。人間嫌いは、たとえ多くの人に嫌われてもしたいことをするとき、活き活きと本領を発揮できるのだ。

とはいえ、やはり少数でもいいから理解者を望む。それは、自己中心的状況を手に入れた他の人間嫌いである。ここに、互いに理解だけはして、まったく縛ることのない人間嫌いの共同体が形成される余地がある。

人間嫌いのルール 第4

自分の信念にどこまでも忠実に生きる

人間嫌いの共同体とは、「気難しさ」の共同体と言いかえてもよい。他人の気難しさを尊重する共同体である。気難しさはなぜ一般社会で通用しないのか。みんな社会における仕事がスムーズに進むことを望んでいるからである。このルールは、第2と第3のルールから当然のこととして導かれるのだけれど、実際に「どこまでも」というのは難しい。文字通り「どこまでも」だったら、生きてはいけないであろう。それはあくまでも理念であるが、問題は信念に反することを言ったり為したりするたびに、深く反省することである。

間違えてはならない。（いわゆる）「善いこと」をせずにいたこと、（いわゆる）「悪いこと」をしてしまったことを深く反省せよ、と言っているのではない。むしろ、自分の信念に反して、善いとみなされていることを思わず為してしまったり、自分の信念に反して悪いとみなされていることを思いとどまったとき深く反省せよ、と言いたいのだ。

社会で生きていくために、精神がなまって、思わず（いわゆる）善いことをしてしまう自分の怠惰さを、（いわゆる）悪いことを避けてしまう自分のずるさを反省せねばならないのだ。人間の信念はおそるべく多様である。だから、徹底的に自分の信念に従って生きようとする人は、自分と異なった他人の信念をも受け容れなければならない。「受け容れる」とは、それを積極的に理解することではない。それは不可能であるし、可能であるとしても膨大な時間と努力が要る。他人を理解するために人生の大部分を捧げることはない。そうではなく、その異質な信念を尊重することである。他人がそれを抱くことを妨げないこと、それを容認することである。

だが、実際問題として、自分と対立する信念の持ち主と時空を共有するのは愉快ではない。苦痛であることが多い。だから、彼らを尊重して遠ざかっていればいい。互いに信念を共有するのではなく、ただ自分と異なった信念を尊重し合うだけの（けっしてそれ以上には出ない）人間関係を維持するように努めるのである。

人間嫌いのルール　第5

自分の感受性を大切にする

これが、また普通の社会では不思議なほど通用しない。宴会に出ないのも、病院に見舞いに行かないのも、「その気になれません」というだけで充分な理由なはずなのに、それがいっこうに通じないのだ。一般社会とは、「その気になれない」ことを次々に強要する場である。これさえなければ、ずいぶん住みやすくなると思うのだが。

もちろん、契約上の義務については、「その気になれない」から本日は出社しないとか、「その気になれない」から家賃を払わないということは許されない。私がここで言っているのは、義務ではなく、義理（すなわち契約外強制）のレベルのことである。社員のほとんどが社長の母の葬儀など参列する気にならなくても、それに従う。そして、欠席者を糾弾する。人間嫌いとは、こうした「穢《けが》れた」空気を吸っていると窒息してしまうので、それをなるべく避けようと決めた者である。欠席することによって社内にいられなくなるほどの迫害を受けるのなら、出席するかもしれず、それほどでないなら、白い眼で見られることを覚悟の上で欠席するかもしれない。それは、その時々の決断である。

であるから、人間嫌いは(個人的約束など)契約上の義務ではない事柄においては他人から「その気にならない」と告げられたら、それだけで「ああ、そう」と受け容れるであろう。誰でも当日になって気分は変わるかもしれないから、「気が変わった」という理由を容認するのだ。一般社会ではなかなか通じないようだから、人間嫌いがゆったりとかつ活き活きと生きていくためには、これを実践する共同体を形成することが必要なのである。

人間嫌いのルール 第6

心にもないことは語らない

ルール第5に直結するが、感受性を大切にするとは、互いに感受性に忠実に言葉を発することであり、さらにはそうした言葉を互いに大切にすること、すなわち互いに「心にもないこと」は語らないようにすることである。これは、ほんとうに信頼している者同士の関係においては実現されているであろう。これを、それほど親しくない人との関係においても適用してみること、これが私の提案である。

その場合、難しい問題がせり出してくる。それは、このルールに従うことによって、他人を傷つけてしまうことをどう解決するかということである。相手の欠点をそのまま語り、肥満した男をデブと言い、不美人をブスと呼び、それでいいのか？

私は、これを一概に否定するものではないが、「心にあることはそのまま語る」というルールではなく、「心にもないことは語らない」という否定的なルールであれば、守ることはできよう。死にそうな病人を前に「元気そうですね」と励まさないことであり、どこから見てももてなさそうな男に向かって、「きみのすばらしさを理解する女性がきっと現われるよ」と慰めないことである。

人は心にもないことをなぜ語るのか？　たしかに、相手を苦しめ傷つけたくないという要素もあるが、自己防衛のほうがはるかに強い。そう語ることによって相手からの反感を防ぎ、つまりは自分を守るためである。それを知っているから、誰でも自己防衛の見え透いた「おべんちゃら」は嫌いなのだ。

長く生きていると、自己防衛を押さえつけてなるべくこのルールを守ろうとしている人とむしろ自己防衛のためになるべく心にもないことを語ることをルールとしている人を見分けられるようになる。この違いは、学識によるものでも教養によるものでもない。まったく無教養な男女でも前者に属する者は少なくなく、卓越した学者や芸術家でも後者に属するものは多い。ある人間がどちらに属するかは、その態度から、物腰から、眼差しから、いや「臭い」から直ちにわかる。後者に属する者は他のいかなる条件をクリアしていても人間嫌いの共同体には入れない。

人間嫌いのルール 第7

いかに人が困窮していても(頼まれなければ)何もしない

これも、きわめて重要なルールであり、むやみに他人に干渉しないと言いかえてもいい。徹底的に自己責任を重んじ、明らかに他人が生命の危機に瀕しているのに、それを表明していないとき以外は(そんなときはめったにあるものではない)、自分の判断で勝手に他人を助けないということである。

誤解されては困るが、これは現代日本に横行しているような、他人の困窮を見て見ぬふりをすることではない。きちんと見て、場合によっては「手伝いましょうか?」と尋ねてみる。そして、拒否されたらそれ以上何もしないということである。そして、できれば他人も、私が頼んだらそのかぎりで助力してほしいし、頼まないかぎり何もしないでほしいのだ。

このルールのもとで私が念頭に置いているのは、戦場や強制収容所で自分の命を失うか相手の命を救うかというような限界的な関係ではない。現代日本における日常的な人間関係である。私がひとたび誰かに例えばコンピュータの操作の仕方を教えてくれと頼むと、頼まれた者が「普通の人」であると、おうおうにして「頼みを聞いてやってもいいが、その代わりこの機会に、いままでのきみの偏屈なものの見方は捨てて、世の中はもちつもたれつであることを認めたらどうだ?」という「回心」の要求を掲げて迫ってくる。そこを突破口として、普通の世界がどっと浸入してくる。(人間嫌いである)私は、それが厭であり恐ろしいのである。

普通の種族にとっては、想像もできないことであろうが、私が描く理想的人間関係とは、相互に恩をまったく「計算しない」関係である。私がたいへんな労力を払って学生にドイツ語を教えてやったが、その直後に彼に簡単なインターネットでの買い物の仕方を教えてくれと頼んでも「他の用事があるから」とけんもほろろに断られても、私は憤慨しないであろう。

私も場合によったら同じことをするかもしれない。こうして、互いに恩を計算しない関係、「あんなにしてやったのに、こんなにしてやったのに」という醜悪な不満を撒《ま》き散らさない関係を実現したいのである。

だが、現代日本では（そしていつの時代でも）大人は子供や青年に「恩を忘れないこと」を教える。恩をいつも「正しく」計算することを教える。これは、見方を変えれば、そうしない人を軽蔑し排斥すべきであることを教えているわけである。このことが、どんなに人間関係を鬱陶しくしていることか計りしれない。私に近いところでも、彼はこの大学に私を採用するときに尽力してくれたから、私も彼の再就職先を世話しなければ計算が合わないとか、彼女は私の出版記念パーティーに来てくれたから、私も彼女の出版パーティーに出ねば計算を間違える……などなど、お互いに短い人生を縛り合い、貴重な時間を奪い合って生きているのだ。これは、ひどく馬鹿げたことではないだろうか？

とはいえ、こうしたこまごました計算を放棄すれば、たちまち世間からつまはじきにされること必至であるから、あるとき「そうだ！」と決意し、私は結婚式や葬式をはじめほとんどあらゆる式典をみずから催すことをやめ、参列することもやめたのだ（卒業式など軽い義務は除いて）。そして、互いにまったく恩を計算し合わない人間関係を創ろうと企んでいるのである。

自分の人生を大切にすることとそこをよぎる他人にどこまで時間を与えられるかについて唯一の正解はない。だが、わずかにでも見返りを求めるなら（「喜んでもらえるだけでいい」というのは大きな見返りである）、何もしないほうがいい。だが、これは世間ではまったく通じないことだから、世間の荒波に翻弄されて沈没してしまわないために、このルールを実践（しようと）している者の共同体が必要なのである。

人間嫌いのルール　第8

非人間嫌い（一般人）との「接触事故」を起こさない

これはきわめて重要なルールである。

勘違いしている人が多いが、考え方感じ方の違う人と無理に仲よくする必要はまったくない。といって、殺し合い罵り合う関係を推奨しているわけではない。考え方感じ方の異なった者同士は、――一通りのコミュニケーションの努力をした後に「通じない」とわかったら――できるだけ離れているに越したことはない。連絡をしなければいいのであり、会わなければいいのである。それでも傍《そば》にいざるをえないときは、話さなければいいのであり、眼を合わさなければいいのであり、相手を死んでいるかのように、存在していないかのように扱えばいいのである。

人生とは遺伝子や環境など生まれ落ちたときの境遇に大幅に左右され、その後もたえず偶然に激しく揺すぶられ、しかも最後は死である。それは生きる気力も失せてしまうほどの理不尽に満ちているはずなのに、世の中には――不思議なことに――互いに励まし合い、希望をもって生きようと本気で考えている人、われわれが投げ込まれた残酷きわまりない状況を恨むことなく、希望をもって生きようとするけなげにも逞《たくま》しい人（すなわち「善良な市民」）が存在している。人間嫌いとは、人生の基本構図の理不尽さからどうしても顔を背けることができず、それゆえ通常の人生ゲームに乗り切れない人である。

善良な市民は、人生が理不尽であることはわかっている、だが理不尽だからこそ、それに埋没するのではなく、なるべく「理にかなった」事柄を実現しようとすべきではないか、「悪いこと」ばかり考えるのではなく、なるべく「善いこと」に眼を向けて生きるべきではないか……だいたいこう考えている。そして、これほど確信をもってではなくさまざまな疑いや揺らぎがあるにせよ、これは現代日本社会を構成するほとんどの人の考え方と言っていい。

人間嫌いはまさにこの基本トーンがどうもしっくりからだに馴染まない。こうした考え方は、社会が円滑に進行するための潤滑油であることは百も承知している。だが、どうしてもそんな嘘にまみれた器用さにはついていけない。会社の上司が「母が亡くなりまして」と言うや否やあっという間に悲しそうな顔になり、「初孫が生まれまして」と言うや否やもう顔を輝かせている、そんな肌のように善人が身につけている欺瞞ゲームには乗れない。常に他人を配慮しているかのような「ふり」をしつづける、そんな超絶技巧はできない。たとえ自分の信念を曲げてでも相手を傷つけない、そんな不潔なことなどできない。だから、人間嫌いが普通の人と一緒にいると、たえまなくぶつかる仕組みになっている。

両者がわかり合うはずはないし、わかり合う必要もないのである。とすれば、人間嫌いは、膨大な数の普通人と意思疎通し合おうなどという野心はかなぐり捨てて、むしろ彼らとはなるべく接触しないようにして、自分の信念に従って飛びつづけたほうがいい。世の中には、そういう自分を温かく（しかし、すり寄ってくることはなく）見つめてくれる他の人間嫌いがいることがわかれば、それでいいのである。

自分を「正しい」と思ってはならない

これは、きわめて重要なルールである。人間嫌いが、共感を大切にし、「みんな一緒主義」を高らかに掲げる善良な市民を嫌ってもいいが、そこに自分は「正しい」そして相手は「正しくない」という論理を一滴でも混入させたら、彼（女）は正しくない。自分は社会で生きにくいがゆえに正しく、善人は社会で生きやすいから正しくないという論理は、現実には多くの人間嫌いに見られる傾向だが（とくにアルセスト型、自己優位型、ペシミスト型）、これは社会で報われている者に対する恨み、ニーチェの言葉を借りれば、典型的なルサンチマンにすぎない。

こうした愚かしいルサンチマンにはまってはならない。人間嫌いとは、その感受性や信念が——不幸なことに——社会を構成するほとんどの人の感受性や信念からずれている人種なのである。どちらが正しいわけでもなく、両者は異なっているだけなのだ。社会において居心地のいい善人たちはおうおうにして自分たちが「正しい」と信じている。それももちろん愚かであるが、とはいえ、彼らは間違っていて自分たちこそ正しいのだと胸をそらした瞬間に、人間嫌いも彼らと愚かさを共有することになる。

さまざまな人がいていいのである。ほとんどの人が共感ゲームに夢中になり、みんな一緒主義に酔いしれ、家族至上主義を信奉してもいい。ただ、願わくはそれとは違うものが「ある」ことを（理解しなくても反感を抱いてもいいから）彼らが尊重してくれさえすればいい。

とはいえ、それさえ実現が難しいので、人間嫌いは、さしあたり同じ思想をもつ人々の共同体を形成し、そのことにより絶望に陥らずに生きていこうとするのである。

人間嫌いのルール　第10

いつでも死ぬ準備をしている

人間嫌いとは、勝手に生まれさせられたちまち死んでいく自分の運命を呪っている人、この絶対的不幸がどうしても納得できない人である。なのに、善良な市民をはじめ世のほとんどの人がそれを見ないようにしている、ごまかしている。彼（女）にはこのことが耐えがたい。どんなにめでたいときでも、陽気なときでも、くつろいだときでも、いつも人生の不条理の大枠を作っている死を見据えていたいのだ。だが、それはほとんどの人から嫌がられるから、こちらも嫌い返して人間嫌いになったのである。

なお、このルールだけは、いかなる共同体を形成してもどうなるものでもない。死は各自の死だからであり、各自は自分固有の死を死なねばならないからである。だが、この広大な世界にそのことを理解してくれる同類がいると思えば、そのことを腹の底まで弁えて生きている同類がいると思えば、お互いに慰め合わなくとも、言葉を掛け合わないことも、心は——ほんの少しではあるが——癒される。

おわりに

私は「人間嫌い」である。たぶん、かなり重症の。そして、私には友達や理解者がわんさといるのだ。人間のネットワークは恐ろしく密であり、さまざまな種類の人々との「交流」は途切れることがない。みな、私が重症の人間嫌いであることを知って、付き合ってくれている。

とはいえ、こうした状況を作るには、十年ほどかかった。

十年前に、人生を「半分」降りる宣言をした（『人生を〈半分〉降りる』新潮OH!文庫、参照）。多くの人に誤解されたが、「半分」降りるとは、兼好法師のように、半分だけ山に篭ることではない。芭蕉のように、半分だけ漂浪するわけではない。そうではなく、半分だけ、世間の眼を恐れず、すなわち世間からつまはじきにされてもいいから、好き勝手なことをすること。したくないことは断じてしない、言いたくないことは断じて言わないこと。まあ、簡単に言えば、わがままを通すのである。

ところがおもしろいもので、何人もの人に対してこうした自分の生き方を表明し実行していくうちに――幸せなことに――少なからぬ人が、私の「わがまま病」を許し、それどころかそれに賛同してくれるようになった。

お互いなるべくわがままに生きることを承認し合う関係、お互い縛り合うことを無限にしない関係、お互い世間の掟に従わせることの断じてない関係、つまり自分もわがままに生きる代わりに相手のわがままも尊重する奇妙な人間関係が、幾重にも形成されることになったのである。

相手がどんなに喜んでいても、どんなに悲しんでいても、どんなに苦しんでいても、共感しないときは何もしない。自己欺瞞をいっさいやめ、絶対にお互いの領域を侵犯しない。しかも、このすべてを心の底から理解し合っている、こうしたなかなか居心地のいい人間関係が、次第に作られてきたのである。

人間嫌いのあなたへ。努力すれば、あなた自身を寸分も変えることなく、豊かな人間のネットワークを作ることができます。そうしないのは、あなたが怠惰だからです。

人間嫌いでないあなたへ。人間嫌いを「治そう」とか「理解しよう」とするような不遜な考えは捨てましょう。あなたは、ただ人間嫌いを無視し、軽蔑し、しかも迫害しなければ、それでいいのです。

二〇〇七年六月中旬　梅雨の晴れ間の爽やかな日

中島義道

PHP新書
PHP INTERFACE
https://www.php.co.jp/

中島義道［なかじま・よしみち］

1946年福岡県生まれ。東京大学大学院人文科学研究科修士課程修了、ウィーン大学基礎総合学部修了。哲学博士。現在、電気通信大学教授。専門は時間論、自我論、コミュニケーション論。おもな著書に『ウィーン愛憎』『続・ウィーン愛憎』（以上、中公新書）、『孤独について』（文春新書）、『悪について』（岩波新書）、『「時間」を哲学する』『カントの人間学』（以上、講談社現代新書）、『哲学の道場』（ちくま新書）、『うるさい日本の私』『私の嫌いな10の言葉』『働くことがイヤな人のための本』『カイン』（以上、新潮文庫）、『ひとを〈嫌う〉ということ』『怒る技術』（以上、角川文庫）、『哲学の教科書』（講談社学術文庫）、『「私」の秘密』（講談社選書メチエ）、『醜い日本の私』（新潮選書）、『後悔と自責の哲学』（河出書房新社）、『哲学者というならず者がいる』（新潮社）、『〈対話〉のない社会』『不幸論』（以上、PHP新書）など多数ある。

「人間嫌い」のルール

PHP新書 468

二〇〇七年七月二十七日　第一版第一刷
二〇二一年七月二十一日　第一版第八刷

著者――中島義道
発行者――後藤淳一
発行所――株式会社PHP研究所
東京本部――〒135-8137　江東区豊洲5-6-52
第一制作部　☎03-3520-9615（編集）
普及部　☎03-3520-9630（販売）
京都本部――〒601-8411　京都市南区西九条北ノ内町11
組版――有限会社エヴリ・シンク
装幀者――芦澤泰偉＋児崎雅淑
印刷所
製本所――大日本印刷株式会社

ISBN978-4-569-69361-3

PHP新書刊行にあたって

「繁栄を通じて平和と幸福を」(PEACE and HAPPINESS through PROSPERITY)の願いのもと、PHP研究所が創設されて今年で五十周年を迎えます。その歩みは、日本人が先の戦争を乗り越え、並々ならぬ努力を続けて、今日の繁栄を築き上げてきた軌跡に重なります。

しかし、平和で豊かな生活を手にした現在、多くの日本人は、自分が何のために生きているのか、どのように生きていきたいのかを、見失いつつあるように思われます。そして、その間にも、日本国内や世界のみならず地球規模での大きな変化が日々生起し、解決すべき問題となって私たちのもとに押し寄せてきます。

このような時代に人生の確かな価値を見出し、生きる喜びに満ちあふれた社会を実現するために、いま何が求められているのでしょうか。それは、先達が培ってきた知恵を紡ぎ直すこと、その上で自分たち一人一人がおかれた現実と進むべき未来について丹念に考えていくこと以外にはありません。

その営みは、単なる知識に終わらない深い思索へ、そしてよく生きるための哲学への旅でもあります。弊所が創設五十周年を迎えましたのを機に、PHP新書を創刊し、この新たな旅を読者と共に歩んでいきたいと思っています。多くの読者の共感と支援を心よりお願いいたします。

一九九六年十月

PHP研究所

PHP新書

［思想・哲学］

022 「市民」とは誰か　佐伯啓思
029 森を守る文明・支配する文明　安田喜憲
032 〈対話〉のない社会　中島義道
052 靖国神社と日本人　小堀桂一郎
057 家族の思想　加地伸行
058 悲鳴をあげる身体　鷲田清一
083 「弱者」とはだれか　小浜逸郎
086 脳死・クローン・遺伝子治療　加藤尚武
137 養生訓に学ぶ　立川昭二
150 「男」という不安　小浜逸郎
169 「自分の力」を信じる思想　勢古浩爾
181 〈教養〉は死んだか　加地伸行
202 民族と国家　松本健一
223 不幸論　中島義道
242 おやじ論　勢古浩爾
267 なぜ私はここに「いる」のか　小浜逸郎
268 人間にとって法とは何か　橋爪大三郎
272 砂の文明・石の文明・泥の文明　松本健一
274 人間は進歩してきたのか　佐伯啓思
281 「恋する力」を哲学する　梅香 彰
301 20世紀とは何だったのか　佐伯啓思
367 「責任」はだれにあるのか　小浜逸郎
395 エピソードで読む西洋哲学史　堀川 哲
402 なんとなく、日本人　小笠原 泰
459 個人主義とは何か　西尾幹二
462 〈ポストモダン〉とは何だったのか　本上まもる

［人生・エッセイ］

001 人間通になる読書術　谷沢永一
147 勝者の思考法　二宮清純
161 インターネット的　糸井重里
200 「超」一流の自己再生術　二宮清純
253 おとなの温泉旅行術　松田忠徳
263 養老孟司の〈逆さメガネ〉　養老孟司
296 美術館で愛を語る　岩渕潤子
306 アダルト・ピアノ―おじさん、ジャズにいどむ　井上章一
307 京都人の舌つづみ　吉岡幸雄
310 勝者の組織改革　二宮清純
323 カワハギ万歳！　嵐山光三郎
328 コンプレックスに勝つ人、負ける人　鷲田小彌太

331 ユダヤ人ならこう考える！ 烏賀陽正弘
340 使える！『徒然草』 齋藤 孝
347 なぜ〈ことば〉はウソをつくのか？ 新野哲也
348 「いい人」が損をしない人生術 斎藤茂太
361 世界一周！ 大陸横断鉄道の旅 櫻井 寛
370 ああ、自己嫌悪 勢古浩爾
377 上品な人、下品な人 山﨑武也
385 一度死んでみますか？ 島田雅彦／しりあがり寿
411 いい人生の生き方 江口克彦
422 〈感じ〉のいい人、悪い人 山﨑武也
424 日本人が知らない世界の歩き方 曾野綾子
431 人は誰もがリーダーである 平尾誠二

［心理・精神医学］
018 ストーカーの心理学 福島 章
047 「心の悩み」の精神医学 野村総一郎
053 カウンセリング心理学入門 國分康孝
065 社会的ひきこもり 斎藤 環
101 子どもの脳が危ない 福島 章
103 生きていくことの意味 諸富祥彦
111 「うつ」を治す 大野 裕
138 心のしくみを探る 林 道義
159 心の不思議を解き明かす 林 道義
164 自閉症の子どもたち 酒木 保
171 学ぶ意欲の心理学 市川伸一
196 〈自己愛〉と〈依存〉の精神分析 和田秀樹
214 生きる自信の心理学 岡野守也
225 壊れた心をどう治すか 和田秀樹
304 パーソナリティ障害 岡田尊司
353 悩むチカラ 伊藤友宣
364 子どもの「心の病」を知る 岡田尊司
374 現代殺人論 作田 明
381 言いたいことが言えない人 加藤諦三
453 だれにでも「いい顔」をしてしまう人 加藤諦三

［自然・生命］
013 赤ちゃん誕生の科学 正高信男
124 地震予報に挑む 串田嘉男
208 火山はすごい 鎌田浩毅
261 〈見えない宇宙〉の歩き方 福江 純
292 クモはなぜ糸から落ちないのか 大﨑茂芳
299 脳死・臓器移植の本当の話 小松美彦
388 空海とアインシュタイン 広瀬立成